长安春风吹酒旗

汉朝人怎么过日子

杨柳——著

中国画报出版社 · 北京

图书在版编目（CIP）数据

长安春风吹酒旗 / 杨柳著 . -- 北京 : 中国画报出版社 , 2024.5

ISBN 978-7-5146-2257-7

Ⅰ . ①长… Ⅱ . ①杨… Ⅲ . ①中国历史 – 汉代 – 通俗读物 Ⅳ . ① K234.09

中国国家版本馆 CIP 数据核字 (2024) 第 045542 号

长安春风吹酒旗

杨柳　著

出 版 人： 方允仲
策划编辑： 王钰博
责任编辑： 田朝然
装帧设计： 安　宁
责任印制： 焦　洋

出版发行： 中国画报出版社
地　　址： 北京市海淀区车公庄西路 33 号　邮编：100048
发 行 部： 010–88417418　010–68414683（传真）
总编室兼传真：010–88417359　版权部：010–88417359

开　　本： 32 开（787 × 1092mm）
印　　张： 8.25
字　　数： 130 千字
版　　次： 2024 年 5 月第 1 版　2024 年 5 月第 1 次印刷
印　　刷： 三河市冠宏印刷装订有限公司
书　　号： ISBN 978-7-5146-2257-7
定　　价： 59.00 元

《班婕妤像》 周相有 绘

《汉宫春晓图》（局部）[明] 仇英，现收藏于中国台北故宫博物院

《汉宫春晓图》（局部）

《汉宫春晓图》（局部）

《汉宫春晓图》（局部）

《梅竹寒禽图》[南宋] 林椿，绢本设色，现藏于上海博物馆

团扇最早出现在汉代，到东晋时出现了关于扇面书法的记载，到唐代又开始与绘画相结合。后又有折扇在北宋时期传入我国，而独立装裱的书画扇面这一艺术形式也逐步形成，并成为一种文化风尚。“扇”在中华文化中传承了上千年，其发展历程虽经历起伏，但从未中断。

带柄铜染炉［西汉］，现藏于徐州博物馆

《礼记·内则》郑玄注："凡濡，谓亨（烹）之又以汁和之也。"汉代人和今人一样，吃火锅离不开调味品，染炉就是古人用来盛放酱、盐等调料用的器具。蘸调味品的用具叫染器，由一个染杯和一个染炉组成。

分格鼎［西汉］，现藏于南京博物院

日晷［汉代］，现藏于中国国家博物馆

目录

目录

夏未央，汉未央

关于汉代那些鸡毛蒜皮之事的文字，这不是第一本，且还要继续。回顾来径，昔日那零零散散的文字竟只是一个朝代的开场白，或应问候一句：久违！

每个时代都有它独特的传统和规则，凭借一望无垠的好奇心，我宛若炎炎烈日下眼冒金星的淘金者，一面聚精会神地经受汗蒸的洗礼，一面乐此不疲地安然欢喜。

熟悉不代表理解，探索是掘金的第一步，很多文化常识之所以佶屈聱牙，并非因为缺少记忆，而是被云遮雾绕的屏障挡住了事实和真相，揭露真相，是我们的最大使命！

真正了解一个人，若不是机缘巧合或宿命使然，恐怕一辈子都不够用。一个朝代的兴衰更替更是如此，不知要写多久、讲多久，才能有的放矢地传递它的精髓，但唯有耐下性子去感知一个时代的细枝末节后，才可心甘情愿地说“喜欢”。

在这个注重“立竿见影”的时代，优哉游哉地刷视频、浏览页面就可以轻而易举地获得快乐，读书似乎显得“不合时宜”。然而，喧嚣的歌声不会唤醒生命：成长是一个人的青葱白首。兜兜转转的风雨霜露才是生命原本的从容，也是历史原有的底色。

感谢各位同人的助力，这本书才能快捷地呈现在读者面前。不用多久，大家会陆续见到更多好玩的故事登场。

追溯历史的意义在于真切地体验生命、珍视当下。熠熠生辉的阳光下、鸟语花香的丛林中，粗糙简单的三餐四季，每一寸光阴、每一声莺啼、每一顿餐食都弥足可珍。

“树深时见鹿，溪午不闻钟。”树林苍幽，正午慵懒，花开时欣然，花落时淡然，生命倏忽迁转，得失荣辱、喜乐悲欢，且让我们从容以视。

杨柳

2024 年 3 月 19 日

第一章

以食为天

人间有味是清欢

游走在莺歌燕舞、丝竹并呈的长安街头：和面炊煮的婢女，汲水淘洗的仆人，抑或持匕的伙夫，酿酒当垆的妇人，提壶行沽的路人……彼时，日光明媚有暖意，丝竹过耳有余音，尘世绘声绘色，可谓人间值得！

人间之值，我们先从“食”字说起。

起初，带皮的谷物称之为“食”，而且专指主食，《说文》云：“食，一米也，从皀，亼声。”《周书》云：“黄帝始蒸谷为饭，烹谷为粥。”《礼记》云：“食，养阴气也。”阴，是就脏腑机能来说，五脏之气为阴气。吃主食有益于五脏六腑的运化。

吃喝饮食，跟四季也息息相关，《礼记·内则》又云：“食齐视春时，羹齐视夏时，酱齐视秋时，饮齐视冬时。”齐，剂量；视，比也。那什么是“食齐”呢？“食”涵盖黍、稷、稻、粱等杂粮；“羹齐”指兔、鸡、犬等家畜；“酱齐”指的是酱类食品和酱醋拌的小菜；“饮齐”指的是调剂、配制的酒浆。这段话的意思是说：调剂食物也要像四季的气候一样，饭食宜温，肉类宜热，酱菜宜凉，酒饮宜冷。

“神农时人方食谷，加米于烧石之上而食之。黄帝时始有釜甑，火食之道成矣”（出自《古史考》）。神农炎帝时代，人类利用凹凸的石头作为锅具煮饭，到黄帝时代才有了真正的锅。此后，人们又陆续发明了一些下饭的酱香小菜、酒类等饮食，菜肴也花样翻新起来。

烟火所栖，民生所寄。到了汉代，普通人家日食两餐，早餐称“朝食”，晚餐称“餔食”。王公贵族和富有人家日食三餐或四餐，皇帝食四餐：平、昼、餔、暮。

古人吃饭的时候很讲究，把碗、盘放置在木案或石案上，大家席地而坐，夹菜时用箸（筷子），食肉时用刀和俎（砧板）；盛食物的器皿，民间普通老百姓一般用陶瓷制品当碗、碟，富家贵族多使用漆器，也有使用竹器和金属器皿的。

凉皮遇上炖杂烩

凉皮

秦汉时期，石磨等粮食研磨器开始使用，开启了“粒食”的食用模式，人们普遍吃上了研磨成粉后的谷物。面粉的出现，让单调的小吃日渐丰富，生活也活色生香起来。

渭水西风起，长安乱叶飞，陕西凉皮丝丝尤见！

首先发现“凉皮君”的是赫赫有名的皇帝刘邦，据说，刘邦征伐汉中期间，常饥肠辘辘，东奔西走，吃不上一顿消停饭。遥遥前行路，每踏一步都举步维艰，狭窄摇曳的栈道上士兵摔下山谷的情况时有发生，惨不忍睹。某日，刘邦铤而走险赢了一仗，为了庆祝这来之不易的胜利，便选了一户人家小憩。

说是小憩，岂敢小觑？大佬亲临寒舍，忙坏了主人家。美女厨娘想起珍藏在里屋一年多的面粉，掀开捂得严严实实的面口袋，将面舀到盆里，加一点儿盐，小心翼翼地往里加水，面糊用勺子搅拌到无颗粒感且可缓缓流动状，静置半小时；在锣锣里均匀地刷层薄薄的油，舀一勺面糊平摊在里面；烧一锅开水，把摊好面糊的凉皮锣锣放入热锅中大火蒸上几分钟，等凉皮表面冒出大泡即是蒸熟了，再把凉皮夹到盆里冷却后沥干水分。菜园子里的各种蔬菜，均可切成丝状，与凉皮一起，浇上酱料，一道极品美食闪耀登场。

且看它们的艳丽与婀娜：白嫩嫩、绿油油、红艳艳，爽滑清脆、香辣适宜，既解饿又消暑，堪比珍馐。

炖杂烩

项羽短暂的一生不只有拔山扛鼎、破釜沉舟的霸气，也有着衣锦还乡、泣涕别姬、“宝马赠亭长，头颅赠故人”的慷慨意气和儿女情长。在饮食上，项羽颇为讲究独到，他不喜雷同的菜肴，每顿都追求新颖别致。在项羽短暂的一生中，他对美食的执着与热爱堪比爱虞姬，室无二妻。

项羽对美食的“花心”及百样要求，忙晕了大厨。巧妇难为无米之炊，一方面要在有限的条件下保证食物质量，还要像七色花一样变换烹饪方法，厨师们每天都绞尽脑汁，改革创新。某日，望着灶台上的各式菜品，一名小厨子突生一计：如果将蔬菜和肉类放入一锅炖，岂不是又“糊弄”出一道新菜？一番精心烹制后，小厨子自信满满，可当他托起这盆“乱炖”来到项羽餐桌前时，那份自信消失殆尽，他忐忑估摸着：如是大王评价一般，呵斥几句也就算了，做厨子挨批也是家常便饭。怕的是若大王不满意给了差评，轻则这热乎乎的一盆直接砸在面前，重则本人小命可不保啊……正在他七上八下揣测自己即将面临的境遇时，大王竟给出“五星级”好评，还特批厨师道：“今后其他菜都给我这么做！”

自此，项羽手下的厨师们悉听遵命，无论是山上栽的、树上采的、地上跑的、水里游的，通通收到锅里去！为了使杂烩不致太单调，厨师们想方设法改进配料，杂烩烧得花样百出。后来，人们为了怀念楚霸王的功绩，还研制出诸如“霸王别姬”这样的菜名（王：甲鱼；姬：鸡），各种汤锅、炖菜也一路卖座，以星火燎原之势，一发不可收地火到今天。

黄金配角：肉汤

关于肉汤，有一个流传很久、影响很广的观点：肉汤精华多，肉渣没营养。尽管先秦文献中关于“羹”（肉汤）的记载名目繁多——羊羹、豖羹、犬羹、兔羹、鳖羹、鱼羹，等等；但它们绝大部分只出现在皇室贵族的餐桌上，肉食之于寻常百姓无异于可望而不可即的奢侈品。为此，孟子代表老百姓提出了美好愿景：七十岁时能吃上肉。当时，统治者也不是天天食肉。只有在祭祀时，天子宰牛，诸侯杀羊，平时多是“诸侯无故不杀牛，大夫无故不杀羊，士无故不杀犬豖，庶人无故不食珍”。

对于有闲有钱的“贵族”，“食不厌精”绝对是坚定不移的指导方针。为防止肉羹油腻，羹里要配上蔬菜。

《仪礼》中说，牛羹配藿叶（豆叶），羊羹配苦菜，豖羹配薇菜。羹汤上席之前以汤勺调五味，此勺便称“调羹”。除了做羹汤，春秋时期还讲究用“烹”和“炮”的方法来做肉。烹，简单来说就是用水煮，贵族煮肉要用铜鼎，平民用陶鼎。

肉汤本质上不是一种健康食物，大量科学研究证明，肉汤的营养价值很低，不足肉本身的十分之一。肉汤中嘌呤含量高，长期大量喝浓肉汤或会引起体内尿酸偏高，进而导致高尿酸血症和痛风。痛风患者和“三高”人群喝汤尤其要注意进食量，最好远离鲜汤、浓汤、甜汤，否则会导致血压、血糖、血脂和尿酸增高，引发或加重病情。

原来，被古人捧在手心、置于心尖的肉汤，不过是人们一厢情愿的“大餐”，它能补充的营养，十分有限。

豆界的卧龙：豆腐

菽［shū］者，众豆之总名。然大豆曰“菽”，豆苗曰“藿”，小豆则曰“荅［dā］”，汉代已有制豆腐、豆浆、豆腐脑等豆制品的作坊，豆腐菜被称为“国菜”，按照宋代大儒朱熹的说法，豆腐为西汉淮南王刘安发明，在出土的“庖厨图”中可窥见豆腐坊内的豆腐制作流程：浸豆、磨豆、滤浆、点浆、榨水。

不同时代，赋予了豆腐不同的名字：小宰羊（陶穀《清异录》）、黎祁、菽乳（西汉时淮南王刘安研制）。以豆腐为食材做成的菜品也有很多，比如麻辣豆腐、八宝豆腐、如意豆腐、怪味豆腐、素烧豆腐、红白豆腐、青菜豆腐、锅巴豆腐、三丝豆腐、杏仁豆腐、炸拌豆腐。最简单易学的就是小葱拌豆腐，豆腐用开水烫一下，切丁，加入碎葱段、精盐、芝麻油等，即可装盘。

话说淮南王刘安与豆腐有不解之缘。某日，刘安在号称“八公”的八位术士的指导相伴下，来到北山上炼丹，不承想，费了好大劲，丹药没炼成，却误打误撞炼出了白白嫩嫩的东西。失败的“丹药”不招人喜欢，就被随手丢在路边。恰好，劳顿了一天的农夫途经此处，饥肠辘辘，他尝了一口，顿时啧啧称赞——鲜美柔滑，人间美味。从此，农夫将此食物冠以“豆腐”之名，流传开来。或许，刘安从没想过，他自认为败笔的“仙丹”被一名农夫“点赞”后，竟流传千古，成为人们餐桌上离不开的美食。

豆腐产生于西汉时期，到东汉时已经形成了完整的制作工艺，包括泡豆、磨豆、滤浆、点浆、镇压成型等。制作豆腐的第一个环节是泡豆，将干豆子浸泡成质地均匀、颗粒饱满的湿豆子后就可以研磨了，研磨湿豆子可轻松提炼出豆类的蛋白质，从而做出更多豆腐。早在东汉时期泡豆工艺就已经相当成熟，以“搅拌”为主的辅助工艺在如今部分大作坊、大工厂中仍被沿用。

豆子泡好后，接下来便是“磨豆”，石磨碾碎湿豆子的过程，古人称之为“硙 [wèi] 碎”，即将湿豆子投入石磨上面的小孔，掉入磨盘里的凹槽后被碾碎。通常在磨盘的旁边会站着一位“护豆使者”，一面用右手转动磨盘，一面向圆孔中倒入湿豆子。

起初，制作者需要绕着磨台不断飞奔旋转，头晕目眩后方能磨好豆子，后来人们变聪明了，用驴子来碾磨，为了防止驴子晕厥，便将驴子的双眼蒙住。在小毛驴的辛勤努力下，磨出的豆浆细腻丝滑，人见人夸。

湿豆子碾磨成豆浆与豆渣之后，就进入“滤浆”环节，将豆渣包放在一个大口袋里，入锅，由两人用力搅动锅中的袋子，《食宪鸿秘》中描述为“用布袋绞捻”。大锅中还放着一个勺子，是匠人从锅中汲取豆汁的工具。匠人为了提高豆腐细腻的口感，会进行一次、两次乃至多次的过滤，豆浆研磨的精细度决定了豆腐的质量。为了防止匠人偷懒，豆腐坊还会设置监工监督工作。

豆腐制作的画龙点睛之笔在于“点卤”，即将石膏、盐卤、酸浆之类的凝固剂加入过滤后的豆浆之中，使其凝结成豆腐。既要准确把握凝固剂的量，也要控制点浆过程中豆浆加热的温度。

“编筐窝篓，全在收口”。点浆之后，进入“镇压成型”环节：将凝固好的豆腐花放进模子中，须用重物压制，挤掉里面多余的水分，最终形成完整的成品豆腐。用力过大会造成豆腐太粗，口感不好，用力太小则造成豆腐柔嫩，容易破碎。桌子上放一个长方形盒子，将豆腐花装入盒子中，再压上一块盖板，盒子中的水会被压榨出来，流入地上的陶盆。这时，历尽千辛万苦，豆腐终于能正式出锅啦！

豆腐具有益气和中、清热解毒、生津润燥、补虚养血之功效，老少皆宜，其中所含的植物性蛋白质比肉类还要高，容易被人体吸收，适合龋齿或胃肠能力降低的人食用，豆腐中所含的脂肪是植物性的；不含胆固醇，也是心脏病患者适宜食用的美食；豆腐含碳水化合物极少，最适合糖尿病患者和肥胖者食用。另外，豆腐也是爱美的女性、脑力劳动者、熬夜族的优选美食。

虽说白菜豆腐保平安，但过量食用也是不行的，其丰富的蛋氨酸容易导致动脉硬化。豆腐性偏寒，患有胃寒、胃溃疡和慢性浅表性胃炎等的病人多吃后会出现腹胀、反胃、胀气等不适症状。

从减肥的角度看，吃豆腐的确不容易发胖，是因为其含有一种名为“皂角苷”的物质，它能帮助人体分解脂肪、预防动脉粥样硬化，促进人体对碘元素的排泄。但如过量食用，很容易引起体内碘元素的加剧流失，使其罹患碘缺乏病，导致甲状腺肿大，也就是我们俗称的“大脖子病”，食用豆腐时搭配富含碘元素的海带，可抵消碘元素的流失。

四季的信仰：火锅

火锅，既是食品的名称又是炊具的名称，又称为“拨霞供”“暖锅”“仆僧”。“谯［qiáo］斗”是古代炊器中的暖锅，被搁置在火盆中，盆中放炭火。两汉时期，青铜染炉非常流行，类似现在的小火锅，炭炉中坐一盏小杯，以炭火温食。

老北京传统火锅，将食材放入沸腾的清水铜锅中涮熟，夹出蘸上芝麻酱味碟食用，可搭配粉丝、白菜、豆腐等素菜烫食。

如果将火锅简单理解为“用锅烧水涮食物吃”的话，那么中国火锅的历史就非常悠久了。早在先秦时期，我国就已经有火锅了，但用的不是锅，而是鼎，准确的叫法应该是“火鼎”。到了汉代，还出现了内部划分格子的鼎，样子有点儿像今天的九宫格火锅。

中国古代称调味品为“染”，食肉时常以酱、盐等为佐料，这些佐料是放在耳杯中的。用濡法制作肉食，在汉代较常见。濡肉包括两个步骤：先把肉煮到可食的程度，相当于现在的白煮肉；再蘸调料加味，染杯中盛的就是调味的酱汁。与现代稍有不同的是，汉代人习惯用较烫的调料，所以需用染炉不断地给调料加温，汉代青铜染杯的容量一般只有两百五十到三百毫升。整套染炉全器加起来，高度也不过在十到十四厘米之间。染器的设计反映了汉代的一种饮食习俗，即当时的人们实行分餐制，宴饮时是一人一炉，随涮随吃。

当年汉武帝派苏武出使匈奴，结果被匈奴扣留，要其投降，苏武铮铮铁骨抵死不降，于是被发配到北海（今俄罗斯境内的贝加尔湖畔）牧羊。《汉书·李广苏建传》载："武既至海上，廪食不至，掘野鼠去草实而食之。"苏武荣归长安时，已经六十岁了，长安街边，群众对苏武产生了浓重的好奇和深切的同情，大家猜测当年英姿飒爽的苏大将军如今应是脸如皱、发苍苍、拄着拐棍泪滂滂……可当人们看到现实版的苏武将军时，不禁惊叹于他的红光满面、身体健硕，于是对苏武先生的生存之旅更加好奇，忍不住询问："苏大爷，北海这么贫寒的地方，您身体还这么好，爆爆料，您是怎么保养的？"苏武说："我不过是经常吃羊肉炖锅而已，那味道超级鲜美！"在苏武的启发下，汉宣帝就发明了加入各种药膳食材的"苏武汤"。这种火锅、砂锅之类的美食又被称为"古董羹"，由于食材丢进去会发出"咕咚"一声，就取了谐音——古董羹。

西汉古墓中出土的分格鼎，重七十余斤，锅内分成

五个格子，可以盛放不同食材而不至于混味。（见第7页彩图）

在古代，只有贵族们才有财力物力支撑这么昂贵的消费。当年的“土豪”吃饭讲究“气氛”二字，要有东西烘托，又称之为“境界”。《韩诗外传》记载，在古代的祭祀或庆祝活动中，要“击钟列鼎”而食。众人围在鼎的周边，将食物放入鼎中煮熟分食，这就是火锅的由来。

钟，古代乐器；鼎，古代炊器与盛食器，也作为王权之象征。唐王勃《滕王阁序》：“闾阎扑地，钟鸣鼎食之家。”所谓“钟鸣鼎食”，即一边奏乐击钟，一边享受着鼎中的各种珍贵食品。

无论是你方唱罢我登场的钟鸣鼎食，还是人声鼎沸的海底捞盛宴，抑或是宅家的一人独酌，要的都是一口热乎乎的人气，吃的是炉火熊熊的温适，图的是精满气盈的畅快。

古人认为，“鼎者，宗庙之宝器也。宗庙将废，宝鼎将迁”（《汉书·五行志》）。南朝梁何胤曾上铸九鼎之议，称“鼎者神器，有国所先”。

唐代武则天为证明武周为天下之正统，新铸了九鼎。万岁通天元年，“铸铜为九州鼎，既成，置于明堂之庭，各依方位列焉”。用唐代度量衡衡量，其中神州鼎高“一丈八尺”，其余八州之鼎高“一丈四尺”，共用铜“五十六万七百一十二斤”。“鼎成，自玄武门曳入”，动用十余万宿卫兵，以及大牛、白象等，可见器形之大。

九鼎初成，武则天大赦天下。在历史的长河中，人们赋予鼎这款大锅各种意味，从粗糙的容器到一览众山小的鼎器，再到艳压群芳、家喻户晓的老火锅，都彰显了吃货们不折不挠、坚持不懈的追求！

酥饼的传奇：胡饼

随着汉朝丝绸之路的打通，进口的食物也开始登上餐桌，丰富了人们的味蕾：张骞等人除了从西域引进了胡瓜、胡桃、胡荽、胡麻、胡萝卜、石榴等物产，也把中原的桃、李、杏、梨、姜、茶叶等物产以及饮食文化传到了西域。

信步长安街头，满城的枫叶随风起舞，古色古香的巷子里传来响亮的叫卖声："卖胡饼喽，热乎乎的胡饼，喷喷滴香！"焦黄蓬松的胡饼伴着焦香的芝麻味出现了……

什么是胡饼？胡饼就是蘸有胡麻的烧饼，蒸、煎、烙、烤，无所不可。看那吱吱的油锅中，油花飞落，一排排胖乎乎的面饼懒洋洋地躺着酣睡，有的在做美梦，高兴地咧着半边嘴巴，一不留神的工夫，它们的脸上被抹上雀斑状的黑芝麻，翻个身就能出锅了……这胡饼正是汉朝人精心研发的。不得不说，汉灵帝成就了酥饼界的传奇，虽然他政治能力一般，但在食品开发这方面，绝对首屈一指。

东汉末年，兵荒马乱，内忧外患，但这都无法阻挡汉灵帝专注玩乐的心性。由于长年深居中规中矩、万年如一日的宫廷，他对那些来自远方的新鲜玩意儿充满了探索欲：胡服、胡帐、胡床、胡座、胡饭、胡箜篌、胡笛、胡舞，它们激起了汉灵帝“演戏”的冲动。

“戏精”上身的灵帝自导自演了一出微服私访的剧情：男一号灵帝扮演远涉而来的胡人，驾驭四架驴车绝尘而至，为更符合剧情，应景地在皇家花园西苑设置了几家饮食店，后宫佳丽们乔装打扮，变成了饮食店的老板娘，风情万种地招揽着她们唯一的、身着华丽绸缎的顾客。店铺里摆满了汉灵帝喜欢的胡饼及各色美食，其中有名为“胡饭”的卷饼，即将酸瓜菹长切成条，再与烤肥肉一起卷在饼中，卷紧后切成二寸长的小段，蘸以酸芹，俨然就是汉堡包的前身。

我的地盘：无食我黍

汉代的碳水来源主要有两种：米和面。所谓“南稻北麦”，素来南方人依赖大米而生，北方人酷爱面食。西汉时，随着杵臼、碓、磨等粮食加工工具技术的发展，用谷物面粉制成的主食出现了。

谷物面粉的出现让人们在饮食上有了更多的选择，消费者多为位高权重的朝野官员，大麦粥对他们而言，早已不是什么新鲜食物，他们纠结于粟、黍、稻烧制的干饭与米羹哪个口感更好？凉水、温汤、羹汤泡干饭是不是缺了灵魂？是不是该在大米饭和小米饭中添加一些干果蜜饯……

官员们对面食的要求越来越高，为了保住饭碗，面点师们拼命地开展一场又一场头脑风暴：水煮的“汤饼”、笼蒸的“蒸饼”、火烤的“炉饼”，纷纷亮相。“汤饼”有豚皮饼、细环饼、截饼、鸡鸭子饼、煮饼等；“蒸饼”有白饼、蝎饼等；“炉饼”有烧饼、胡饼、髓饼等。从此，“饭党”和“面党”便顺理成章地在碳水界平分秋色。

米麦磨粉加水制成的饼可分为两类：麦粉做的叫

“饼”，米粉做的叫“粢［zī］”，“饼，并也”（刘熙《释名》）。北人食面名“馎饦［bótuō］”，“饼谓之饦”（扬雄《方言》），“青面、麦面，堪作饭及饼饦，甚美，磨尽无麸”（《齐民要术·大小麦》）。

汤饼类食物类似于现在的面片儿汤，易消化。烤髓饼，“饼肥美，可经久”。截饼，“入口即碎，脆如凌雪”。

对于追求“燕瘦”的爱美人士而言，刻意控制碳水化合物的摄取，是减肥族的惯用方法。然而，控制碳水这件事在汉代是小概率事件，普通群众只要有的吃，哪怕是糠，也是幸福的事！

糠是稻、麦、谷子等的籽实所脱落的壳或皮，或称为“谷子皮”。在饥肠辘辘的西汉文帝十二年（公元前168年），晁错在上疏中提到“百亩之收不过百石”，意思是一亩地收成不到一石粮食。

平民百姓家庭上有老下有小，一家几口守着一点儿薄田，一年到头好不容易得到的一点粮食还要被当作“田租”分割出去，上缴给地主家，哪还会有余粮？不得已，谷子皮便成了百姓们的主食。

粮食不仅是人民生死存亡的关键，也是事关国家兴衰的大事，“五谷食米，民之司命也”（《管子·蓄国》），“食者，国之重宝也”（《范子·计然》）。

秦朝灭亡以后，汉王朝为了巩固和发展封建制度，采取了“轻徭薄赋、与民休息”等一系列利民政策，加之铁制农具的大量使用，农业有了较快发展。

每年丰收后，为了打好储备粮食的持久战，聪慧的古人就搭盖起粮仓来为粮食的保存和调控保驾护航。

汉代粮仓主要分为“常平仓”和“义仓”两种，当粮食供大于需时，粮食大打折扣，售价比较便宜，国家就以高于市场价的价格大量买入粮食，避免谷贱伤农。待缺粮时，国家再以低于市场价的价格大量抛售，抑制粮食价格上涨，防止饥荒发生。粮仓不仅能够应对战争、饥荒、旱灾等意外情况的发生，也能调节市场的供需。《汉书·食货志》载其说云：

> 善平籴者，必谨观岁有上中下孰。上孰，其收自四，余四百石；中孰自三，余三百石；下孰自倍，余百石。小饥则收百石，中饥七十石，大饥三十石。

粮食收入的极度不平衡，令政府想到了一个精简开支的拯救方案：让一批尸位素餐的官吏下岗。《汉书·食货志》记载：

> 元帝即位，天下大水，关东郡十一尤甚。二年（前47年），齐地饥，谷石三百余，民多饿死。琅琊郡人相食。在位诸儒，多言盐铁官及北假田官、常平仓可罢，毋与民争利。上从其议，皆罢之。

政府部门开源节流，商人们也是费尽心机，他们急中生智研发了一条生财之道——偷工减料。美食家袁枚在《随园食单》里说，“大概做面，终以汤为佳，在碗中望不见面为妙”。汤多面少，这大概是古今中外大小商贩联袂打造的“投食秘籍”，在他们的如意算盘里，主食是以“根”和“粒”为计量单位下锅的。

尽管商家狡猾，但仍有络绎不绝的顾客前来买单，对于起早贪黑的“996 族”也一举两得：既节约了时间，又瘦了身，且每顿精致的“套餐”都让人回味无穷。恰应了《红楼梦》中的一句养生秘籍，“小病素，大病饿”。粮食既是养生之本，也是病从口入之源，一周有几天少吃粮食或不吃粮食的“辟谷”方策，反倒促进了人体的新陈代谢。

然而，挨饿事小，饿死事大！时至今日依然如此，当我们为燃烧卡路里歇斯底里时，蓝牙耳机里又传来新闻：《世界粮食安全和营养状况》报告推测，世界饥饿人口数量到 2030 年将超过 8.4 亿，占全球总人口的 9.8%。一百个人中就有十个人中标，所幸，我们不是那 10%。

大多数人不会留意，街头巷尾的路口处，总有些还没怎么吃的食物被遗弃在垃圾桶里，它们有的“衣着华美”，有的依旧飘着香气……而它们养尊处优的主人却对此不屑一顾。殊不知这世上还有穷困地区的苦孩子们，饿得瘦骨嶙峋，气若游丝，眼巴巴地等待着那一线遥不可及的生机。

在这个快要步入“元宇宙”的时代，某些人轻而易举就会拥有千万种选择的机会，而另外一部分人，自出生时起就饥肠辘辘。生命有不能承受之轻，对那些看似微不足道的食物比如一块饼干、半个馒头，请投以温情和怜惜。我们拥有的每一寸“微不足道”的事物，都是别人可遇不可求的福报。敬畏生命，请从珍惜每一粒粮食做起吧！

餐后的销魂：桑葚

桑葚与美人

桑葚是桑树的果实，又叫“桑子”。小小浆果，包藏着酸酸甜甜的爱恨情仇，鸠吃多了桑葚就会昏醉，像极了被荷尔蒙冲昏了头脑的恋人。聪明的先贤曾教诲道：吃桑葚过则醉！小斑鸠们投身于桑葚叶中以求果腹；人们种植桑葚，养蚕采桑，成了惯常的劳作。汉乐府中有“罗敷喜蚕桑，采桑城南隅”的诗句，宋词则有“采桑子”的浪漫词牌。

桑葚似葡萄般圆润，颗粒分明；未熟的桑葚果有点儿鲜红，然远不及樱桃浓艳。从实用价值考虑，桑葚获得了广泛的青睐：桑葚熟时满地诗，沧海桑田是诗人们走不出去的朋友圈！陆游的“桑葚熟以紫，水鸟时遗音”，描述了熟透的桑葚吸引来叽叽喳喳的水鸟的画面。此外，还有白居易的“兔隐豆苗肥，鸟鸣桑葚熟”，舒岳祥的“桐花开处青鸠醉，桑葚甜时紫鸽忙”，王迈的“桑葚熟时鸠唤雨，麦花黄后燕翻风”，赵孟坚的“桑葚紫来蚕务忙，带晓采桑桑叶湿”等，皆以桑葚为题材。

《陌上桑》是中国汉代乐府民歌的名篇，描述了太守大人下乡考察，公然追求采桑叶的美人罗敷，而遭到生生拒绝的场面：

日出东南隅，照我秦氏楼。秦氏有好女，自名为罗敷。罗敷喜（善）蚕桑，采桑城南隅。青丝为笼系，桂枝为笼钩。头上倭堕髻，耳中明月珠。缃绮为下裙，紫绮为上襦。行者见罗敷，下担捋髭须。少年见罗敷，脱帽着帩头。耕者忘其犁，锄者忘其锄。来归相怨怒，但坐观罗敷。

罗敷非碌碌之辈，与其说她是来桑田采桑，不如说是来走秀，她粉妆额黛、身姿婀娜、我见犹怜——

美人胳膊肘下的小篮子小巧玲珑：青色的络绳，用桂树枝做的提柄；再看妆容：虽梳着简单的堕马髻，但不经意间耳垂处一对珠光宝气的耳环却暴露了身份；再看衣饰：浅黄色带花纹的丝绸裙搭配紫绫子制成的短袄……别的不说，就这身穿搭，不给个特写都不太好意思，怪不得美人惊鸿一现时，回头率爆棚，耕者、锄者呆若木鸡，若他们手中握的是照相机而不是锄头，此景此情，抓拍无疑。

桑葚与英雄

桑田不仅是美人晒颜值的舞台，也是落难英雄的庇护所。

> 是时，项王北击齐，田荣与战城阳。田荣败，走平原，平原民杀之。齐皆降楚。楚因焚烧其城郭，系虏其子女。齐人叛之。田荣弟横立荣子广为齐王，齐王反楚城阳。项羽虽闻汉东，既已连齐兵，欲遂破之而击汉。汉王以故得劫五诸侯兵，遂入彭城。项羽闻之，乃引兵去齐，从鲁出胡陵，至萧，与汉大战彭城灵壁东睢水上，大破汉军，多杀士卒，睢水为之不流。乃取汉王父母妻子于沛，置之军中以为质。（《史记·高祖本纪》）

公元前205年，汉王刘邦趁西楚霸王项羽北上齐国平乱之际，由洛阳统领五路诸侯国联军大举东进伐楚，直取楚都彭城（今徐州）。坐镇齐地的项王得知后，旋即亲率三万骑兵长途奔袭，秘密回师，解救彭城之危，大破刘邦麾下五十六万诸侯军。民间传说，败走彭城的刘邦冲出重围，带着数十骑兵仓皇西逃，至萧县东南的险峻山谷黄桑峪时，不得不止步，因为这里三面环山，仅北面山坳有一出口通向外界。前有高山阻挡，后有追兵袭击，情急之下，刘邦一行人只能躲进一个阴暗的山洞中。狡猾的刘邦没有忽略细节，他让随行人马不要破坏洞口蜘蛛网，以此混淆视听，五大三粗的项羽扬鞭纵马，追至洞前，见洞口已是蛛网密布，洞中黑黝黝一片，便不再犹豫，领一班人马，呼啸而去。此时躲在阴暗潮湿洞里的刘邦，虽然侥幸逃过一劫，却落下了头痛、头晕的毛病，加之便秘，痛苦不堪。

刘邦隐匿的地方叫黄桑峪（后叫皇藏峪），桑林密布，所结桑葚盖压枝头。路途劳顿，刘邦只得渴饮清泉，饥食桑葚。不承想奇迹诞生了——仅几天的工夫，刘邦的头痛、头晕、便秘的症状便消失不见，神清气爽，筋骨强劲有力。他不得不慨叹：这大山貌似平常，实则卧虎藏龙！日后，刘邦虽黄袍加身，成为汉朝的开国皇帝，但仍念念不忘桑葚的救命之恩。御医顺着他的心意，遂用桑葚加蜜熬膏，让他长年服用，养生保健、益寿延年。

第二章

对酒当歌 饮世间悲欢离合

酒即江湖，有酒的地方就有故事：有一簇簇曾三缄其口的陈年往事；有一茬茬割不断理还乱的灼然烦忧；亦有世人皆醉我独醒的自得其乐。有酒的地方，既可以是热热闹闹的一席世俗聚会，又可以是唯吾独享的安乐小窝。酒，像极了女孩子们的小零食，一有闲暇，便让人欲罢不能；酒，成为了人们联络彼此关系的美好托词，至于喝到怎样的酒、如何喝、喝到何时，都已经不重要了，重要的是大家组团排遣解闷。把酒言欢时，时光是透明的，是燥热下的一抹清凉，是沉睡后身上的一件布匹，甚至不用客客气气地寒暄，它便足以平复整个城市的喧嚣，调和人们的喜怒悲欢。

在无人问津的荒野山村，僻静林居，酒更像是一位真诚的故友，让人在暮色苍茫中感到踏实和安稳，是不可或缺的尘世佳酿，更是不可多得的灵魂伴侣。生活需要这样一杯酒，调解难以言说的苦闷，释放无法挣脱的压力，鼓动一往无前的勇气。

酒是时光的倒影，是由水渍染就的丹青妙笔，酒无今古，对于千百年前的古人而言，其意义更为重大。李贺的《苦昼短》道：“飞光飞光，劝尔一杯酒。吾不识青天高，黄地厚，唯见月寒日暖，来煎人寿。”诗人勾勒出饮酒的背景：抓不住的流光，叵测的人世，陆离的春秋，昼短苦夜长的落魄才子们只能寄情于杯盏交错，让飞逝的时光停留片刻。坐下喝喝酒、聊聊天，有限年光中，诗人看不清这纷扰世态的万象，但觉岁月无情，寒暑更迭，消磨着人的年寿。

中国的酒文化，其实质是中国的人际关系文化，是古老的东方智慧，也是人类自我认知的智慧。喝酒并非只是酒精与肉体的博弈，也不是自怨自艾的垂怜，不是人云亦云的热闹，而是人与人、人与自我灵魂的交融，“我”与“世界”的关系，体现在生活中，就是“人”与“物”的关系，酒的酸甜苦辣就如人的悲欢离合，是人们自我人生片段的演绎。“酒，就也，所以就人性之善恶……一曰造也，吉凶所造起也。”（《说文解字》）

汉代饮酒盛行，尤其名门望族更是大肆推崇。从整个国家来看，酿酒业位于三十多种盈利产业的榜首，单宫廷里负责酒类管理的太官和汤官等服务人员就达六千人。西汉时有重阳节，《西京杂记》记载了宫内饮酒的时间，“九月九日佩茱萸，食蓬耳，饮菊花酒，令人长寿”。每逢佳节必饮酒，是宫廷里一项自不待言的规矩，腊日饮酒、社日饮酒、伏日饮酒……

酒祖与酒神

酒祖仪狄

酒祖仪狄发明了酒，“酒之所兴，肇自上皇，成于仪狄”，四千年前，仪狄就已在今河南省平顶山市宝丰县造酒了。他将加工完毕的美酒献给了大禹，大禹认为酒太甜美，会引起人们的遐想和欲求，后世定会有因嗜酒而荒废朝政的国君。

据说仪狄造酒的灵感来源于猴子。一天，仪狄照常到深山里打猎，见到一只猴子正在喝发酵过的桃汁，喝了汁液后的猴子轻松地躺平了，好像很愉快的样子。出于好奇，仪狄也品尝了一口，顿感全身暖流，筋骨活络，脑袋也灵光起来。飘然间，他想：酒乐以忘忧，要是把这种神仙水传播出去，是否自己也能家喻户晓了？

从此，仪狄潜心研究造酒技术，在失败中总结经验，终于研制成功了一套科学的酿酒方案，成为最早的酿酒师。一次，在大禹召开的盛大的庆功宴会上，仪狄酿造的美酒华丽登场，深受众臣子喜爱。仪狄也被封为“造酒官”。

关于仪狄造酒的故事，第二个版本是，仪狄是个身材魁梧的农人，家住金家泉边，常年在农田里耕作。仪狄在地里劳作时，家人就会将饭送到田间，由于粮食珍贵，仪狄会特意剩下一些饭，用桑叶包起来，放在金家泉流出的浣河边。由于每天起早贪黑干活，一次仪狄忘记去泉边取桑叶包的剩饭，几天后突然想起来时，发现溅过泉水的桑叶包里流出了香甜的汁液。由此，仪狄受到启发，将泉水与剩饭调制成了“酒”。

酒神杜康

黄帝时，农业发展，粮食高产，黄帝任命杜康专门负责管理粮食。起初，杜康命人将吃不完的粮食储藏在山洞里避风避雨，但山洞阴暗潮湿，储藏其中的粮食全部腐烂了，杜康一筹莫展，闭门冥思苦想，却始终没想到更好的解决办法。

这一天，被如何储存好粮食的难题闹得焦头烂额的杜康，背着粮袋子去树林里散步，偶然发现了几棵枯死的大树，粗大空荡的树干中间好像能存放很多东西，杜康灵机一动，把粮食全部倒进了空空的树干里。

过了一段时间，杜康来到树林里视察，见野猪、山羊、兔子都晕乎乎地醉倒在了枯树前，原来盛粮的树干进了水，粮食在水的作用下发酵了，发酵的水顺着树干的裂缝不断往外渗，清香四溢。动物们难道是喝了这些发酵的水倒地而眠的？杜康纳闷了，忍不住拿出器皿尝了几口，美哉！美哉！他把剩下的发酵水打包带走，回去后请大家品尝，饮者纷纷拍案叫绝。自此，酒在民间出现并逐渐普及开来，杜康也被人们尊称为“酒神”。

“古者少康初作箕、帚、秫酒。少康，杜康也。”（《说文解字·巾部》）

刘邦与酒

汉高祖刘邦性格豪放，花钱大手大脚，嗜酒如命，好交友。他曾混上过一个小官——泗水亭长。亭长是个什么官呢？秦朝十里一亭，亭长是基层的管理者，相当于保卫处处长，负责缉捕盗贼，维持治安。

有了固定工作，钱包也随之鼓了起来，这为刘邦的娱乐活动打下了丰厚的保障和基础，刘邦隔三岔五常去工作单位附近的酒店喝酒，一醉方休。刘邦最喜欢去王婆婆和武大嫂开的小酒铺子，每顿都要点些美味的酒菜，由于出入频繁，终于囊中羞涩，遂周而复始地赊账，但精明的老板娘并未将其拒之门外，老板娘火眼金睛，洞察到刘邦具有招牌效应，是酒店的活广告：人缘好，朋友多，自带人气，再加上是名小官，在关键时刻还能罩着自己。因此，刘邦成了酒店的老客户，为酒店带来了源源不断的客源，酒店人气兴旺，刘邦的广告效应远远超出了赊欠的酒钱。

有一次，刘邦押送一批农夫去郦山服役，途中不断有人偷偷逃走。他也不动气，还做顺水人情，任由他们走掉。谁愿意没死没活地在山区里干活呢，但一面同情农民，一面又要完成自己的使命是件很矛盾的事。

一日，走到丰邑西边的湖沼地带，他便停下来喝酒，一直喝到日暮时分，他对农夫们说：“诸位都走吧，我也不打算干这差事了！”很多农夫如释重负，开开心心地各寻生路，但有十几个农夫觉得刘邦这个人够义气、人不错，想继续跟他混。

如此，刘邦奋战十年，建立西汉王朝，登上皇帝之位，荣归故里，酒酣之际，刘邦唱起了自编的《大风歌》：“大风起兮云飞扬，威加海内兮归故乡，安得猛士兮守四方！”那一刻，苦尽甘来的刘邦忍不住对在场的观众说：“远游的人，时刻都在心系故乡。我虽建都于关中，但日夜思乡，纵使百年以后，身体死去，我的魂魄还是要回来的。为故乡做点儿贡献是我矢志不渝的初心，因此我把沛县作为不收取赋税的汤沐邑，免除全县百姓的徭役，让他们世世代代不受此苦。”

这次回故乡，刘邦仿佛意识到再返故里的机会也许并不多了，于是刻意逗留，大摆酒宴，连续喝了十多天的酒。返朝前，乡亲们执意挽留，全城的人都赠送刘邦美酒，刘邦见此情景感动万分，随即叫人搭起帐篷，又与大家痛饮了三天。

美人与酒

借酒消愁班婕妤

班婕妤多才多艺，曾被汉成帝宠幸，后成帝移情赵飞燕和赵合德，失恋后她作《自伤赋》：“俯视兮丹墀，思君兮履綦；仰视兮云屋，双涕兮横流；顾左右兮和颜，酌羽觞兮销忧。”俯视殿前红色的台阶，思念皇上留下的脚印，仰望冷寂的宫室，忍不住两眼泪如泉涌。

在酒精的催眠下，班婕妤自我安慰说：最风光的时刻，皇帝把我宠成了一朵花，虽然开心快乐，但也喜忧参半，受宠若惊。因为在美女如云竞争激烈的后宫，要么整天担忧自己的妆容不够精致，要么时刻提防举手投足的每个细节不够正确，未怀龙种前担心自己不能多子多孙，产下皇子后，又为孩子的健康、安全提心吊胆……即便无时无刻不忧心忡忡，自己仍旧渴求爱情和荣华。向古籍里寻找慰藉，她发现，自古以来，承受失恋伤痛的女子比比皆是：卫庄姜失宠被弃、小妾上位，悲痛欲绝时写出《绿衣》抒发悲愤；周幽王的王后申女被黜，褒姒上位，周人借《白华》讽谏周幽王。

卫宣夫人长夜伴酒

酒给予了女性强大的情感支撑。“泛彼柏舟，亦泛其流。耿耿不寐，如有隐忧。微我无酒，以遨以游”（《诗经·邶风·柏舟》）。这首诗的女主角是卫宣夫人，出嫁到卫国，大喜之日却遭逢新郎之死，本该顺理成章地回娘家，另作计议。但她很有个性，三年之丧毕，依旧誓不改嫁，并作诗明志，“我心匪石，不可转也。我心匪席，不可卷也”。但卫宣夫人的独居生活也有隐忧，在无人依傍的异国他乡，常被欺辱，无他人倾诉，晚上难以入眠，“耿耿不寐，如有隐忧”。此时的酒变成了这个孤独女子的友人，可以陪她谈心解忧。然而，借酒消愁愁更愁，她只能想象着能有一场说走就走的旅行，“微我无酒，以遨以游”。

胡姬逢酒闹

在古代的酒馆里也会发生客人借酒闹事的事件，东汉诗人辛延年创作的《羽林郎》再现了西汉大将军霍光的家奴仗势调戏酒家胡姬的故事：

> 胡姬年十五，春日独当垆。长裾连理带，广袖合欢襦。头上蓝田玉，耳后大秦珠。两鬟何窈窕，一世良所无。一鬟五百万，两鬟千万余。不意金吾子，娉婷过我庐，银鞍何煜爚，翠盖空踟蹰。就我求清

酒，丝绳提玉壶；就我求珍肴，金盘脍鲤鱼。

当垆美女胡姬年方十五，装饰精美，腰缠绣有连理枝的缎带，身披纹有合欢花图案的短袄；戴着蓝田玉的簪子、名贵且华美的珠子耳环。“一世良所无”“一鬟五百万，两鬟千万余”，风华绝代、珠光宝气的胡姬当垆于闹市，不免招蜂引蝶。

男人女相、身材削瘦的冯都子，乘着华贵的车马，表演了猥琐男调戏民女的一幕：先是凑过来要胡姬给他斟酒、上菜，继而借口说送给胡姬一枚铜镜，随即开始动手动脚轻薄起来，光天化日下，拉扯胡姬的衣襟……虽然胡姬毅然决然捍卫了自己的尊严和底线，但诸如此类的“江湖事件”在喧嚷的酒馆里并非罕见，南来北往的客人良莠不齐，出来迎宾的芳华女子也不时会遭遇各种骚扰和无奈。

当垆才女卓文君

汉代餐饮业已很繁荣，街头的酒店受到大众消费者的欢迎，店前垒起的高台，即所谓的“垆”，酒坛子放置于高台上，一名促销美女站在旁边，即“当垆”，最出名的当垆美女要数卓王孙之女卓文君。

十七岁的卓文君随大才子司马相如私奔后，为了谋生，在四川临邛盘了一家小酒店。司马相如负责打杂，洗洗盘子、刷刷碗；卓文君负责店铺的运营，站在店前招揽生意，“文君当垆，相如涤器”。

貌美如花、多才多艺、琴棋书画皆通晓的卓文君，十六岁时就已名花有主了，但不幸的是，婚后没过多久丈夫便去世了，年纪轻轻的卓文君一下子成了寡妇，于是返回娘家定居。有一天，卓王孙大宴宾客，请来了当地县令和擅长舞文弄墨的司马相如。他久慕卓文君的才貌，因而在酒席上故意弹了一首《凤求凰》，以此来吸引卓文君。凤凰是传说中的神鸟，雄曰“凤”，雌曰“凰”，“凤兮凤兮归故乡，游遨四海求其凰”。宅在家里的卓文君听见琴声，很好奇抚琴者的年龄与相貌，便走出户外偷看，果不其然：雍容娴雅、仪表堂堂的司马相如令卓文君顿生好感。司马相如见状，也洞察到了卓文君的心迹，宴会完毕，就派人以重金赏赐文君的侍者，让侍者传达他的倾慕之情。对司马相如一见倾心、赋闲在家的卓文君，便很痛快地跟司马相如乘夜私奔了。

俩人风尘仆仆地来到成都，卓文君万万没想到外表还说得过去的司马相如，家里居然穷得一塌糊涂，屋里没啥像样的东西，兜里也没什么真金白银。卓文君便想起向富豪老爹求助，但老爹一想起这个不肖女“私奔”再嫁，就气不打一处来，放话说：“这女儿我管不了，也不愿意去管，我们爷俩各不相干，好坏都是她的造化，甭想从我这里拿走一分钱！”面对老爹义愤填膺的决绝，文君没有生气，反倒是思前想后更加冷静了，她寻思着就算我爹不认我这个女儿，但是也改变不了我是他女儿的事实，只要我回到家乡开个店，乡亲们不看僧面看佛面，看在我爹的份儿上，还能把我饿死不成？于是她对相如说："长卿，只要你同我一起回临邛，即便砸锅卖铁，都能过得不错，何必在这儿过穷日子？"山穷水尽的司马相如想都没想便举双手赞成了老婆的决定，二人来到临邛，卖掉车马，买下一家酒店，打算做卖酒的生意。卓文君在垆前打活广告，司马相如穿起犊鼻裤，与雇工们一起打杂。本来开家小店没什么稀奇，但吸睛点在于店铺的老板娘是位贵小姐，于是，刚营业，小店就爆火，人满为患、客流不断，绝大多数都是慕名前来，借故吃个便饭的机会，一睹卓王孙千金的容貌。

卓文君落落大方地招揽客户，并不在意人们大惊小怪的目光，抛头露面是为了过更好的生活，没什么不好意思的。但当卓王孙知道女儿光天化日之下成了酒店服务员后，脸上好似被抽了几个大耳光般刺痛，自尊心受到了极大的伤害，闭门不出。卓王孙的弟弟劝说道："如今文君已下嫁于司马相如，而司马相如虽然家境不怎么样，但也有两把刷子，算个人才，不是万不得已，他们也不会出此下策到咱们这边讨生活，咱们家也不差那点儿钱，何不接济一下他们？血浓于水，他们要过得不好，我们面子上也不好看，对不对？"

面对女儿的窘境，卓王孙早就想出手相助，今天有人送个台阶，何乐不为？遂自食其言，派人给文君送去奴仆百人、钱财百万、锦衣被褥等陪嫁之物。自此，卓文君才彻底结束了酒店老板娘的身份，回到成都，置田买房。

有钱后的司马相如今非昔比，随着卓文君姿容的老去，司马相如开始移情别处，他看中了茂陵一女子，想娶其为妾。这可是卓文君死都想不到的梦魇，想起昔日相恋时，司马相如的浓情蜜意，还有那首早有预谋的单曲《凤求凰》，卓文君挥毫泼墨，一气呵成一首诀别诗——《白头吟》：

皑如山上雪，皎若云间月。

闻君有两意，故来相决绝。

今日斗酒会，明旦沟水头。

躞蹀御沟上，沟水东西流。

凄凄复凄凄，嫁娶不须啼。

愿得一心人，白头不相离。

竹竿何袅袅，鱼尾何簁簁！

男儿重意气，何用钱刀为！

卓文君感慨的内容大意是：曾经我理想中的爱情啊，

像一个绝美的童话，它曾如山上的积雪般纯洁，像云间的月亮一样明澈。但今非昔比，童话中的男主人公移情别恋了，我也写上几句诗词给后世人一个借鉴。我们的“爱”，来也匆匆，去也匆匆，今日一别，后会无期！我缓缓地在水渠边踱步，美好的日子如流水般一去不返了。当初很傻很天真的少女啊，头脑一热随人私奔，孤注一掷和任性倔强并没给自己带来幸运，也曾嘲笑过那些嫁娶时哭哭啼啼的女子，嫁人本该是一桩幸福的事！我毅然离家随君远去，希望幸福地相伴到老。可惜，只是我的一厢情愿罢了！若不是真爱一个女子，却娶了她，对女子的精神伤害是无法用物质弥补的。

诗里的“斗酒会”，让人想起当时司马相如和卓文君相识的场景，在一场匆匆的酒席后，诗人仓促地做了“闪婚”的决定，若非当时草率，但凡听进老人言，也不会导致今天的不堪。若不是落魄到当垆卖酒，父亲也不会补充那么多嫁妆，或许没有物质基础、安贫乐道的司马相如，才不会遗弃我吧？

成也酒来败也酒，后人以“文君”为酒命名，便有了文君酒，“数枝艳拂文君酒”（罗隐《桃花》），“绿珠捧琴至，文君送酒来”（庾信《春赋》）。

杜甫寓居成都时，作《琴台》诗曰：“酒肆人间世，琴台日暮云。”琴台，是司马相如当年抚琴挑逗卓文君的地方，现位于成都城外浣花溪畔。

“酒肆人间世”，追忆了相如、文君为爱私奔、开肆卖酒的故事。“琴台日暮云”，描写诗人默默徘徊于琴台之上，眺望暮霭碧云，巴不得自己就是司马相如。在杜甫那里，司马相如从未变过心，即便到了多病的暮年时节，仍对卓文君情有独钟。“日暮云”源自江淹诗“日暮碧云合，佳人殊未来”，杜甫不止一次遐思文君这位美丽才女能够穿越时空，出现在自己眼前：笑靥如花、绿裙席地、大好时光，情如神话。在杜甫看来，司马相如弹奏的《凤求凰》，不是荷尔蒙迸发的轻薄风流之作，而是期盼“颉颉颃颃兮共翱翔”的真情至爱。倘若真如杜甫所思，文君九泉之下便可怡然了。

饮酒礼仪

君臣饮酒

天子在不同场合和时节饮用的酒不同，“酎”是两次或多次重酿的醇酒，“天子饮酎，用礼乐”（《礼记·月令》），“饮酎”是在八月宗庙之祭时饮用的。

臣下陪国君饮酒也要遵守一系列条条框框的规则：饮酒之器“以小为贵”，“爵”的个头最小最尊，“散”最大最普遍。敬酒要次序井然：“君若赐之爵，则越席再拜稽首受，登席祭之，饮卒爵而俟君卒爵，然后授虚爵。君子之饮酒也，受一爵而色洒如也，二爵而言言斯，礼已三爵，而油油以退。”（《礼记·玉藻》）

国君赐臣子酒时，臣子要起身，拜稽首礼后，恭敬地先接过酒杯，回到自己的座席，祭而后饮，饮干以后，等国君也饮干，然后把空酒杯递给服务人员。君子饮酒，饮第一杯时面色庄重，饮第二杯时态度温和谦恭；按礼，臣子侍君宴饮，三杯为上限，三杯饮过，臣子就要识趣地恭敬告退。退下时跪坐拿鞋，走到隐僻处再穿鞋：穿右鞋时跪左腿，穿左鞋时跪右腿。

婚宴饮酒

汉代新婚夫妇喝交杯酒叫“合卺”，是婚宴上一个重要的环节，酒杯杯体厚重，盛满了酒，沉甸甸的杯子加上沉甸甸的酒，使得举杯成了一个力气活！考验新郎、新娘的是，无论杯子里面装的是酸酒、甜酒、苦酒还是辣酒，新婚夫妇都得一饮而尽。

玉杯得天地灵气，又以瑞鸟、瑞兽相伴；青铜杯，历经烈火淬炼，九死一生；犀角杯原料珍贵，若想打造成一对天衣无缝的合卺杯，需要极巧的雕工技艺！

对于婚宴时该不该喝酒人们也进行过讨论，当时的法令是禁止三人以上群饮的，后来的汉宣帝还曾专门下诏书说：“夫婚姻之礼，人伦之大者也，酒食之会，所以行乐也。今郡国二千石，或擅为苛禁，禁民嫁娶不得具酒食为贺召，令民无所乐，非所以导民也。”在皇帝的推动下，这一天终于可以名正言顺地开怀畅饮了。

彼时的宴席更像是现在的野外聚餐，汉代人不使用桌椅，就地而坐，地上先铺一层粗料编织物，用来摆放食物，名曰“筵”，再铺一层较小的细料编织物当座位，名曰“席”。

过年饮酒

在汉代，人们过年时喝的椒柏酒，是一种用椒花和柏叶浸泡的“保健酒”（崔寔《四民月令》）。“椒”是玉衡星精，食用后走起路来都觉得轻快；“柏”则是一种修仙之人常服之药，据说常食能祛除百病。

大年初一的早上，当鞭炮声响起时，家中年龄最小的孩子先喝过年酒。“正月饮酒，先小者，以小者得岁，先酒贺之。老人失岁，故后与酒”（《荆楚岁时记》）。小孩子被喻为希望之星，长大一岁是值得庆贺的，要先喝酒；老年人过年，则意味着有限的生命离死亡更近了一步，要最后喝酒。

古人喝酒讲究仪式感：第一杯敬天地，即洒酒于天地的“酹酒”动作。洒酒时要仪态恭肃，手擎酒杯，默念祷词，将杯中酒分倾三点，洒成半圆形。洒酒祭神后，人们开始亲品新年的第一杯酒——春酒，祈祷老年人长寿绵绵，祈愿来年五谷丰收。

乡饮酒

《礼记·乡饮酒义》规定：“乡饮酒之义，主人拜迎，宾于庠门之外，入三揖而后至阶，三让而后升，所以致尊让也。”主人，指乡大夫。宾，指乡中选拔出的贤者。庠，乡学名。乡是古代天子、诸侯国都郊外的基层行政组织，乡之长是乡大夫。乡中每三年举行一次大比（即大选），选举贤能者一人，献给天子或诸侯，献贤之前，乡大夫会举行一次盛大的饮酒礼。

进入庠门，主人要与宾客相互谦让三次，而后登阶上堂，以此表示对彼此的尊重。

敬人酒水时，要一饮而尽，喝干杯中酒，敬酒者“先干为敬”，受敬者也要喝掉杯中之酒作为礼节，并且亮出杯底给各位看。

为了活跃喝酒的氛围，与席者会公推一人为令官，负责行酒令，违令者与不能应令者，都要罚酒。

“酒”字的写法与“酋”相通，酋长是氏族部落的首领，一般由年长有资望的人担任，酒用于礼遇长者、祭祀祖先、宴饮宾客。晚辈陪长辈饮酒叫“侍饮”，要先行跪拜礼，再坐入次席。长辈命晚辈饮酒，晚辈才可举杯；长辈酒杯中的酒未饮完，晚辈不能先饮尽。

养身之酒

酒可以调养人们的身体，“春夏养阳，秋冬养阴”。

“春食凉，夏食寒，以养于阳；秋食温，冬食热，以养于阴”（《黄帝内经·素问》）。像春天和夏天这样较为温暖、燥热的天气，可以吃点儿寒凉食物，秋冬时，则可以喝点儿热酒暖暖身子。“夫阴根于阳，阳根于阴，阴以阳生，阳以阴长。所以圣人春夏则养阳，以为秋冬之地；秋冬则养阴，以为春夏之地，皆所以从其根也”（《类经》）。

“养”字含义较多，意指调和、调养。“调，和也”（《说文解字》），阳气主生长、发散，春夏二季是自然界阳气生长的季节，人之阳气也应与之相应。在于男子，精气旺盛，在于女子，则姿容不老。

《黄帝内经·素问·阴阳应象大论》曰：“阴阳者，血气之男女也。”男为阳，以精气为本；女为阴，以血为根，气血充足与否直接影响着女性的容貌状态。《黄帝内经·素问·上古天真论》中说，女子到四十二岁时“三阳脉衰于上”，阳明脉、太阳脉和少阳脉的功能都退化了，因为三阳脉行之于头面部，所以女子此时“面皆焦，发始白”。四十九岁时，任脉虚了，太冲脉也衰少了，就不容易怀孕生子了。

酒之喻

将“酒”作为引子来议论世事的诗人不在少数，其中最有代表意义的诗人要数汉朝的扬雄，他写了一首《酒箴》来臧否世俗之“俗”——

> 子犹瓶矣。观瓶之居，居井之眉。处高临深，动而近危。酒醪不入口，臧水满怀。不得左右，牵于纆徽。一旦专碍，为甇所轠。身提黄泉，骨肉为泥。自用如此，不如鸱夷。鸱夷滑稽，腹大如壶。尽日盛酒，人复借酤。常为国器，托于属车。出入两宫，经营公家。由是言之，酒何过乎?

《酒箴》中的“箴”意为规劝，告诫。从题目来看，这似乎意为劝诫人如何饮酒，但实质上整首诗的内容没有正面言及“酒”，而是从装酒的皮袋——酒囊展开，酒与酒囊的命运是相连的，写酒囊就是写酒，人们随身携带酒袋，也意味着酒已成为人们的好伙伴，形影不离。酒会因外在精致的包装受到器重和瞩目，继而出现在贵族、宫廷等盛大宴席上。

诗中介绍了两类装酒的容器：一类是宁为己碎不为瓦全、只适合静止不动的“瓶”，因个性过于耿直，不利于适应大环境，也不容易受到人们的重视和提携。另一类是“鸱夷”，足够圆滑，精通世故，待遇优渥，还荣膺“国器”的美誉。

同样的酒，因包装不同，境遇迥然，装在“鸱夷”里的酒身价不菲，装在“瓶”里的酒难登大雅之堂。世俗人常随波逐流判断和评估人事，并不关注事物本身的好坏。诗人调侃，还不如做个左右逢源的酒袋更为适用，正所谓“世人皆浊，何不淈其泥而扬其波？众人皆醉，何不餔其糟而歠其醨？”（屈原《渔父》）。

酒令

“酒令”起源于周代，指饮酒时以赋诗填词、猜谜等方式助兴的活动。饮酒过程中督察礼仪的是“酒监”，监督饮酒者是否过度饮酒；记录饮酒时宾客言行的是“酒史”，同时负责维持酒席秩序，“凡此饮酒，或醉或否。既立之监，或佐之史”（《诗·小雅·宾之初筵》）。

春秋战国时期，礼崩乐坏。宴席上，人们废弃了各种喝酒制度，仅留有一定的喝酒规则，即“觞政”。

酒令，也有“饮酒之令”之意，和军令一样带有强制色彩。《史记·齐悼惠王世家》记载，吕后在一次宴饮中命朱虚侯刘章为酒吏，刘章请求以军法行酒。一名吕氏族人因酒力不济而逃离酒席，刘章以违令为由斩杀了这名吕氏族人，故后人常言“酒令如军令”。

曾有一段时间，酒令也是官职。先秦及汉代在酒宴中行觞政等“酒令”。《后汉书·贾逵传》记载：“逵所著经传义诂及论难百余万言，又作诗、颂、诔、书、连珠、酒令凡九篇。”宫廷酒宴上的酒礼都是有严格规定的，进出次序、座位方向、膳肴种类、摆宴方法以及敬酒词等都十分讲究，失礼即会招祸。酒令就负责处理相关工作。

投壶

投壶，是“六艺”中的“射”演变而来的，类似现在娱乐活动中的套圈游戏。投壶前，参与者与壶需隔一定距离，以壶口作为目标，将手中的“标”投入壶中，矢头先入壶内为标准。因宴会场所面积有限，又考虑到很多文人不会射箭，以壶代靶，可以每人一支，也可每人多支，投者循环投掷，中标率最多者为胜，输者被罚酒或作诗。

投壶脱胎于射礼，即射箭，分为大射、宾射、燕射、乡射。古代贵族所有的宴会都离不开射箭礼仪。两汉时期，投壶成为贵族宴饮中不可或缺的娱乐项目。活动中，输者除了被罚酒或作诗外，还要接受一些诸如被棍棒鞭挞等象征性的“皮肉之苦”。“射者有过，则挞之”（《仪礼·乡射礼》）。以礼为主，以法相辅，饮酒时奏上《雅》乐，加之适当的运动，大大活跃了酒席的气氛，主客其乐融融。“对酒设乐，必雅歌投壶”（《后汉书·祭遵传》）。

六博棋

另一种常见的酒令为“六博棋”，是我国古代一项历史悠久的棋类游戏，传说为夏桀的臣子乌曹首创。先秦时期，六博棋的道具包括棋局、棋子、箸、采（即骰子）在内，每方棋手有六枚棋子，黑白两色加以区分。共有枭、卢、雉、犊、塞五种棋子，枭为首，相当于主帅，前四种棋子每位棋手各持一枚，“塞”每人持两枚。

行棋时要在刻有曲道的盘局上进行，用投箸的方法决定行棋的步数。“六博”就是像投掷骰子一样一次投掷六根箸，六根箸用来记录对博双方的输赢状况，常伴随着饮酒，时称“饮博”。输棋的一方要接受计筹罚酒，棋盘的旁边一般都备有酒樽和耳杯，下棋、宴饮相伴相融，成为饮者玩乐的最佳搭档，乐府古辞《古歌》道：“主人前进酒，弹琴为清商。投壶对弹棋，博弈并复行……今日乐且乐，延年寿千霜。”

汉代的某些官员也靠陪酒升官晋爵，故而酒席宴饮上的游戏，成为他们必备的社交伎俩。汉宣帝即位前，在民间时，大臣陈遂常陪他玩六博游戏，陈遂常败在宣帝的手上，输了很多钱，但是这钱也不是白输的，宣帝即位后，封陈遂做太原太守，偿还赌债。

赋诗

饮酒时赋诗也是“酒令”的具体活动之一，赋诗，为吟诗、写诗的意思。

赋诗最先兴起于贵族及文人雅士群体，后来这种娱乐方式普及到市井乡镇。西晋文学家左思所作《蜀都赋》，再现了巴蜀上层阶级宴会时的场景，堪比现代豪华版盛宴：

吉日良辰，置酒高堂，以御嘉宾。金罍中坐，肴烟四陈。觞以清醥，鲜以紫鳞。羽爵执竞，丝竹乃发。巴姬弹弦，汉女击节。起西音于促柱，歌江上之飉厉。纡长袖而屡舞，翩跹跹以裔裔。合樽促席，引满相罚。乐饮今夕，一醉累月。

巨富之家和豪绅们悠闲无事，便在冬春交替之时，择良辰吉日，在厅堂摆酒席，大宴宾客。精致的贮器摆放在桌子上，菜肴、果品四处陈列，杯中斟清酒，盘里装足鱼脍，羽爵竞相举起，丝竹之声悠悠奏响。巴姬、汉女在一旁弹弦击节助兴，奏起先秦时的古老音乐，清越悦耳，歌舞不停，长袖飘飘，舞姿袅娜，步履轻盈，场面极为热闹，宾客们聚坐在一处，频频饮酒，不醉不休，往往数月才醒。

如果说出身贫寒的左思题诗作赋，不乏道听途说的嫌疑，那么作为一国王子的曹植，其所作的《酒赋》则真实还原了饮宴的场面。

献酬交错，宴笑无方。于是饮者并醉，纵横喧哗。或扬袂屡舞，或扣剑清歌；或颦蹴辞觞，或奋爵横飞；或叹骊驹既驾，或称朝露未晞？于斯时也，质者或文，刚者或仁。卑者忘贱，窭者忘贫。和睚眦之宿憾，虽怨仇其必亲。

在座列宾，杯盏流转，不必按照书上喝酒的礼法行事，同饮的人们狂饮狂酣，一同烂醉，欢笑嬉闹，耍起酒疯。有的举起了宽袖乱蹦乱跳，有的击起了佩剑放声高歌，有人颦蹙眉头犹豫是否还要继续喝，还有人举着盏像疯子一样东跑西颠……有的人私家坐骑来接驾，就要退席返家，有的人说今宵苦短，先别散场。酒能怡情悦性，粗俗的人也时怀雅兴，刚直的人和顺柔和，穷苦人忘记了艰辛的岁月。对觞欢饮，一笑泯恩仇。

榷酒酤

汉武帝时，不断对外用兵，花光了汉王朝多年积累下的巨大财富。公元前 98 年，汉武帝采用了著名理财家桑弘羊的建议——“榷酒酤”。

榷，即独木桥，只可以渡一个人。用于商业，则是大张旗鼓地垄断行为，禁止人民制造、贩卖酒，由官府独卖，又称为“榷酒”、“榷酤”或“榷酒酤”。“酤”通“沽”，指买酒、卖酒。

“榷酤官”的任务是负责各郡国的酿酒业，严格控制酒的生产。当时，各地都有许多官办的酿酒作坊，由官府特许的商人经营酒类买卖，但需要向国家缴纳高额的酒税，酒税即成为国家一笔重要的收入。

“榷酒酤”政策虽然给国家和人民带来了不少好处，增加了财政收入、加强了中央集权制度、打击了富商大贾的势力、减轻了地主对农民的剥削，却抑制了商业的发展。

国家不仅禁止民间私自酿酒，而且禁止聚众饮酒，三人以上无故聚在一起饮酒的，罚金四两。汉文帝诏书中给了对酒类要求甚严的理由，后元元年（公元前 163 年），文帝下诏说：“近几年收成不好，又接连发生水灾、旱灾、瘟疫，朕深感忧虑……”能省则省，能垄断就垄断，能渔利则寸步不让，最终景帝借着一场旱灾，名正言顺地下了一道“禁酤酒”令，通过禁止私人买卖酒垄断获利：官府供给私营作坊谷物、酒曲等原料，规定酿造规模和方案，下发到私营作坊运作。最终产品要上交官府，官府给私营作坊相应的酬金。

公元前 138 年，外交家张骞奉汉武帝之命出使西域，看到“宛左右以蒲陶为酒，富人藏酒至万余石，久者数十岁不败”，并带回了葡萄和葡萄酒。汉昭帝始元六年（公元前 81 年），在二月召开的盐铁会议上，武帝时期的经济措施遭到批判，有人提议罢黜盐铁官营、均输平准、酒类专卖等经济改革措施。这年七月，朝廷下令最先罢了“榷酤令”，取消了酒类专卖，其他经济改革措施仍然保留下来。

酒业、盐铁、均输并称为“三业”，“榷酒酤”政策实施了十七年，帮助汉武帝成功扭转了经济危机。其后，历朝统治者每遇到财政困难，就会实行“榷酒酤”，唐、宋、元三代都曾全国大规模推行过这项制度。

酒价

随着政府对酒业的扶植，酒的品类也日益丰富，并且出现了多种命名方式：一是根据主要原料来分类、命名，如秫酒、米酒等；二是以酿酒所用的配料命名，如椒酒、柏酒、桂酒等；三是以酿造时间和方法来命名，如春酒、冬酒等；四是以酒的色味来分类、命名，如黄酒、白酒等。每种粮食的成本不一，因此酒的产值跟酿酒的质量息息相关，也决定了酒商和政府的收入。

西汉前期，一个大酒商一年卖千酿酒，其财力可以与千乘之家相比。大酒商一年卖出千酿的酒，就可获利二十万钱，其本金共计一百二十万钱，每斗酒的价钱为二钱。

西汉中期，汉昭帝“卖酒升四钱”。一石为十斗，一斗为十升，一酿约二百升。

王莽执政时期，《汉书·食货志》记载：“请法古，令官作酒，以二千五百石为一均，率开一垆以卖。雠五十酿为准。一酿用粗米二斛，曲一斛，得成酒六斛六斗。”按照官府称酒的老方法，五百斤起开卖，打开装酒的大竹桶一小桶一小桶舀出去，每斤酒折算 3.1 钱，相当于一大桶酒能卖一百五十五两银子。

第三章

日月茶香
唯有佳茗似佳人

“柴米油盐酱醋茶”，中国人开门七大俗事，喝茶是其中之一；“琴棋书画诗酒茶”喝茶亦是雅事，跻身文人七大休闲活动。烹茶煮茗，清谈款话，茶是最佳待客、敬客、留客之物。“坐，请上坐；茶，敬茶，敬香茶。”

从一棵弱不禁风的幼苗，长到枝叶茂盛的挺拔茶树，这个过程要历经三年。山野生长的茶树所产的茶品质最好，其次是生长于园子里的茶树。生长在向阳山坡上的茶树，常年能沐浴到充足的阳光，更容易产生精品，而被林木遮蔽的茶树，只有叶子呈紫色的才算良品。此外，茶牙和茶叶的评分标准也不同，茶芽肥壮如笋者为上，芽叶展开如牙板者则普通，叶缘含苞待放或者卷曲的是佳品。

“茶”字，从“草”部，从“木”部，或既从“草”又从“木”。上等茶树生长于土质坚硬的烂石土壤中，中等茶树生长在砂质土壤中，下等茶树生长在黄土壤中。

盲人文学家张大复，比汤显祖小四岁，为了生计，皓首穷经地研读了一辈子八股文，失明前依旧是一个不合时宜却才华横溢的生员。然而，这样一位生不逢时的才子，却赢得很多名士的尊重，其中以《牡丹亭》而声名大噪的汤显祖就是一位。读张大复的《茶说》，便了解，茶之魂是精神之魂，没有人比他更懂茶之道——

天下之性，未有淫于茶者也；虽然，未有贞于茶者也。水泉之味，华香之质，酒瓿、米椟、油盎、醯罍、酱罂之属，茶入辄肖其物。而滑贾奸之马腹，破其革而取之，行万余里，以售之山栖卉服之穷酋，而去其膻薰腂结、止膈烦心之宿疾，如振黄叶……

茶与人一样，都是两面性的综合体，存善去恶，静心养性，才是茶之真味。品茶品人生，茶的智慧，也是做人的智慧。张大复虽然一生寂寂，却结交了许多朋友，包括戏曲大家汤显祖、官至礼部侍郎的诗人钱谦益、善于经营的文化人陈继儒、归有光的儿子归子慕、梁辰鱼的孙子梁雪士等。

晏婴在担任齐景公的国相时，就将茶作为用膳时的饮品，神医华佗认为，茶不只是饮料那么简单，喝茶能激发灵感，让人更聪明，脑洞大开。历经朝代更替，茶叶也逐步更新升级，衍生出众多附加产品。如今，茶叶已不仅仅被人们用于泡饮，用茶叶制作的点心、奶茶、调味料等食品也颇受欢迎。

诗中之茶

古人的世界，茶是生活的点缀，也是情感的寄托，更是心灵的休憩之苑，安乐之所。

以贩卖茶叶为生计的家庭实则不易。年轻时的歌舞艺人，中年时嫁给了茶商，婚后的状态跃然纸上。

门前冷落车马稀，老大嫁作商人妇。

商人重利轻别离，前月浮梁买茶去。（唐白居易《琵琶行》）

折腾了大半辈子的女子，好不容易找到了归宿，嫁给商人后，对方却忙于生计疏于感情，东奔西走，上个月又去浮梁做茶叶生意了……

诗人思念家乡时，香茶与诗歌方能解忧。

东望山阴何处是？往来一万三千里。写得家书空满纸，流清泪，书回已是明年事。

寄语红桥桥下水，扁舟何日寻兄弟？行遍天涯真老矣。愁无寐，鬓丝几缕茶烟里。（宋陆游《渔家傲·寄仲高东望》）

古代交通不便利，诗人遥望东方，眺望山的另一边，寻找故乡山阴的位置，隐约见到故乡的轮廓，却远隔千山万水，路途迢迢。回去是没什么希望了，将思乡之情密密麻麻写满一纸家书，半年后才能收到家里的回信。诗人心中着急，又无可奈何，只能隔空问红桥下的流水："什么时候我才能驾一叶扁舟回到家乡跟我的伙伴们游玩呢？"自己像浮萍一样为了虚无缥缈的名利漂泊，周转了大半个中国，已不愿再折腾了。上了年纪，离愁别绪一发不可收拾，整夜都不能安睡。鬓发斑白，将岁月消磨在闲散的茶烟生活里。

再来看隐士的生活，也离不开茶。

绝顶一茅茨，直上三十里。

扣关无僮仆，窥室唯案几。

若非巾柴车，应是钓秋水。

差池不相见，黾勉空仰止。

草色新雨中，松声晚窗里。

及兹契幽绝，自足荡心耳。

虽无宾主意，颇得清净理。

兴尽方下山，何必待之子。（唐丘为《寻西山隐者不遇》）

诗中呈现了隐士室内陈设的一角：高高的山顶上有一间不起眼的茅屋，从山下走上去就要三十里。走了一天，终于到了山顶，轻叩柴门，却没有童仆开门，透过简陋的窗户，房里只有桌案和茶几，料想喝茶也是隐者的日常。

莫非隐者驾着车子出外砍柴了，或是在秋天的江水边垂钓，因没有微信、邮件、电话提前通知，自己赶得不巧，与隐者失之交臂。

此时，外面下起了雨，青翠葱绿，晚风送来松涛声。置身于如此清幽境地，不免耳目一新。虽然未能与隐者闲聊，但已经很愉悦了，便自我安慰，就算跑空了，此行也值得！

七碗茶

唐代人卢仝爱茶成癖，创作了一首茶歌《走笔谢孟谏议寄新茶》，以诙谐活泼的方式，将喝茶的七种境界挥毫而就编成了顺口溜。因为极接地气，雅俗共赏，很快成为脍炙人口的歌曲，声名直追陆羽的《茶经》。

日高丈五睡正浓，军将打门惊周公。

口云谏议送书信，白绢斜封三道印。

开缄宛见谏议面，手阅月团三百片。

闻道新年入山里，蛰虫惊动春风起。

天子须尝阳羡茶，百草不敢先开花。

仁风暗结珠琲瓃，先春抽出黄金芽。

摘鲜焙芳旋封裹，至精至好且不奢。

至尊之余合王公，何事便到山人家。

柴门反关无俗客，纱帽笼头自煎吃。

碧云引风吹不断，白花浮光凝碗面。

一碗喉吻润，两碗破孤闷。

三碗搜枯肠，唯有文字五千卷。

四碗发轻汗，平生不平事，尽向毛孔散。

五碗肌骨清，六碗通仙灵。

七碗吃不得也，唯觉两腋习习清风生。

蓬莱山，在何处？

玉川子，乘此清风欲归去。

山上群仙司下土，地位清高隔风雨。

安得知百万亿苍生命，堕在巅崖受辛苦！

便为谏议问苍生，到头还得苏息否？

诗人过着与世隔绝的慵懒日子，躺在暖洋洋的太阳底下午睡，快递员的敲门声打扰了诗人的清梦，说是奉谏议大夫孟简的命令来送信和新茶，一包白绢密封着，加盖了三道泥印。开封阅信时，随信而来的还有老友寄来的三百片圆圆的茶饼。

山野人家，紧闭柴门不常待客，自顾自地煎了茶叶品尝。茶水泡沫，宛如一缕缕碧绿的云彩，一簇簇汇聚在一起，恰似一碗茶面。一碗喉咙润泽，两碗温暖身心，三碗下笔如有神，四碗全身发汗，不如意皆从毛孔处散出。五碗喝下神清气爽，第六碗喝下后已不是凡人了。第七碗要喝下去，怕是两腋生风，胡言乱语起来：蓬莱仙境，你在哪里？我是玉川子，要乘这阵清风去寻你。你统辖人间数载，养尊处优，怎知世间苦乐？要是我找到他老人家，定要亲口问问这位神仙，何时能让备受煎熬的亿万苍生安居乐业？

新火试新茶

苏轼在超然台写就《望江南》，赋予了茶诗意之美——

春未老，风细柳斜斜。试上超然台上望，半壕春水一城花。烟雨暗千家。

寒食后，酒醒却咨嗟。休对故人思故国，且将新火试新茶。诗酒趁年华。

春天还未走远，微风拂来，柳条飘飞。登上超然台远眺，只见半沟护城河的春水如鲜花绽放，千家万户笼罩在层层烟雨中。寒食节后，窝在家里喝酒，醒后一切并未改变，昏昏沉沉怕是徒劳无益。何必在老朋友面前释放负能量，大发思念故土之类的牢骚，长话短说，还是取点柴火，烧些茶水，清醒点，趁着好时光，拼命写诗吧！

喝茶琐事

茶具

汉代人喝茶的工具是“瓦”，被封为一品，茶屈居为二品，瓦器的出现要早于茶。《说文》中说，瓦是由土烧制而成的容器，不仅可以用于煮饭，也可以作为煮茶的工具。粗糙朴素的窑具里装载的茶叶，散发着香气，不禁让人顿生几分敬意。

厚重的瓦具、清溢的茶香，浑厚中平添一抹淡然的气息，素朴中透着优雅。这氛围恍若夏日午后躲在乡村院落乘凉的情形，充满诗意的苍穹，柔和的白云，让人们拥有无穷的能量。一品瓦，本真的素朴；二品茶，香醇的气息；三品人，三两知己的惬意。

茗茶

中原用茶的时间可以追溯到周初，巴蜀给武王的贡品中就有“方蒻”“香茗”。当时茶原产于以大娄山为中心的云贵高原，后流入四川。武王伐纣，西南诸夷从征，漫漫征途中带上自家烧制的茶叶，既可以果腹又可以解渴，是物美价廉的零食。茶的功能远非如此，还可做菜，就像晒干的菜叶子，经水一泡，便轻松地舒展开来，简单加工一下，就成为一道省时省事的菜肴。

《晏子春秋》记载，晏婴为齐相时生活简朴，通常每餐只吃一点点米饭和茶叶。茶和野菜异曲同工，成了不分伯仲的必备菜品，因此“茗菜”不只是野菜，也是茶，就无可厚非了。

茶尽管有取之不尽的用途，但是流传至今，以饮料的功用最为普遍，《华阳国志》载：“自西汉至晋，二百年间，涪陵、什邡、南安（今剑阁）、武阳（今彭山）皆出名茶。”

制茶

周朝前就已有干茶，周朝时期设置了专门的部门（掌茶），并配备了专门的人员来负责收集茶叶，作为朝廷的丧事之用。

《神农本草经》是我国第一部中草药专著，不仅记载了“神农尝百草，一日遇七十二毒，得茶而解之”，还记载了三百多种中草药和“阴干暴干”等炮制方法。

最为普遍的制茶方式就是鲜叶直接晒干，明朝田艺蘅的《煮泉小品》中记载：“芽茶以火作者为次，生晒者为上，亦更近自然，且断烟火气耳。”

在阳光下，随着鲜叶水分的散失，鲜叶内含物不断浓缩，鲜叶内的水解酶、多酚氧化酶、淀粉、蛋白质分解成糖和氨基酸。

万木复苏的春季，茶树新梢会散发出幽微的香气，当我们随机采撷数枝新梢放入衣袋中，或者攥在手心里时，很快就能闻到一阵浓郁的香气，单单是香气，就足以令人心旷神怡。

没有加工的茶，原汁原味，无论是生嚼、羹饮还是晒干沏饮，都带苦涩之味，全发酵后则散发甘甜之味。

烤茶

汉代以烤茶为主要烹茶方式，烤茶需要的器具有炭炉、炭铗、石舀、杵、茶饼、陶罐和陶碗。烤炙的方法有罐烤、铁板（罐）烤、竹筒烤等，以罐烤最为典型。

烤茶时，将茶叶放入陶罐里，趁着热火，不断翻动茶叶至焦黄，待香味溢出时，注入沸水，新鲜的茶水就可饮用了。要注意的是，加入茶叶后，不能一直放在火上烤，要烤一会儿抖动几次。这样多次，茶叶才能受热均匀，因此，烤茶又被称为“百抖茶”。当然，也有人习惯直接将茶放在铁板上烘烤。

烤茶迎客成为古往今来的一种待客之道，茶水比较烫手，为方便客人，斟茶时尽量将留几分余地，不要倒得太满，正所谓“茶倒七分满，留下三分是人情”。

吃茶去

当茶大摇大摆地走入贵族官宦人家的客厅后，便成了一种待客之道，再经一些文官发挥，形成了“茶礼”；道家打造出了“茶艺”；佛教则灵机一动，演绎出“了解苦难，得悟正道”的人生哲学。无论对于哪个流派，喝茶不但是人们娱乐休闲的一种方式，也成了人们体悟和参悟人生的独到之选。

与酒不同，茶味苦而涩，较为温和。酒刺激和蛊惑神经，茶却让人冷静清醒。南朝梁代陶弘景认为“苦茶能轻身换骨”，清新、淡雅、与世无争、云卷云舒。

唐代僧人从谂常住赵州观音院，人称“赵州古佛”。此人嗜茶成癖，他的口头禅是“吃茶去”，茶禅一味，道就寓于吃茶的日常生活之中。禅不用修，吃茶即修禅。后世禅门以“吃茶去”作为“机锋”“公案”。

“扫来竹叶烹茶叶，劈碎松根煮菜根。”喝茶，从淡淡的苦味中品得一丝甘甜，平凡朴素的生活中自有真趣，豪华落尽见真淳。

智者如茶，阅尽虚华，超脱通透。茶乃人生，壶中沉浮，似人生之起落。

初饮微苦，再品回甘，褪尽浮华，沉淀素朴，回归最初的静默，“茶类隐，酒类侠”，饮茶者以淡泊明志，饮酒者以豪放名世。

> 众人熙熙，如享太牢，如春登台。我独泊兮其未兆，如婴儿之未孩，儡儡兮，若无所归……众人皆有以，而我独顽且鄙。我独异于人，而贵食母。（《老子》第二十章）

众人兴高采烈地凑在一起，仿若赴盛宴般，又像在春天登台眺景。我却独个儿淡泊宁静啊，不露形迹，好像不知嬉笑的婴儿，落落不群，似无家可归。世人都自认为自己很聪明，做的事很对，我却独自认识到自己的愚笨和无知。和世人不同，我只重视修道的生活。

饮茶者的不同也恰在于此，不图闹热，只求清静自守。智者冷静沉默，不受环境局限，无论身入何地，心灵自由超脱，孑然也罢，群聚也罢，“独与天地精神之往来”。喝茶俨然一场精神之旅，途次不同，人们为精神之所设计了不同的站点：“茶馆”“茗肆”“茶坊”“茶社”“茶肆”“茶楼”“茶房”“茶铺”“茶寮”。

茶之用

喝茶都有哪些功用和好处呢？其功能等同于提神的咖啡因，能涤烦、明目、去暑、清热、解毒、去腻、减肥、消食、醒酒、利便、治痢、祛痰、祛风等。

以茶助修

佛门僧人坐禅，须持“过午不食”之斋戒，故丛林不作夕食，但许饮茶以助修。于是将坐禅饮茶列为宗门法式，写入佛教丛林制度的《百丈清规》，在坐禅、辩佛理、招待施主等各类活动中都需要供应茶汤。寺庙中还专设茶院、茶堂、茶头执事和施茶僧。很多寺院因地处山林，常种植茶树，产出之茶称为“寺院茶”。

以茶解毒

民间有神农尝百草的传说，据说神农一天之内遇到了七十二种毒，得了茶才解了这些毒。关于这个传说，还有不同的版本：

第一个版本是玉体鉴茶说：神农是个顶天立地、做事直白的人，就连自己深藏五脏六腑的肚子也是透明、公开的，众人能够一目了然地从外头看到神农肠胃消化状况。一次，神农一不小心中了毒，肚子里涌现黑水，他迅速吃了一片绿色叶子，毒汁就被清洗掉了。为了纪念这枚优秀杰出的绿叶，根据这种树叶能巡查内脏驱逐毒素的功能，将其命名为“查”，后来仓颉造了“茶”字来代替“查”，就是现在的茶叶。

第二个版本是赭鞭鉴草：天帝赐给神农一根赭色的神鞭，神鞭所到之处，各种东西都会现出其本色和原型：红色表示热性，白色表示寒性，黑色表示剧毒，绿色表示能解毒。就这样，神农用神鞭发现了茶叶具有解毒功能。

第三个版本是滴水得茶：神农尝百草被毒昏后，倒在大树下，树上的露珠恰好滴进他的嘴里。神农醒来后，就将这树上的叶子放到嘴里咀嚼，很快就神清气爽，恢复了元气。自此，他便大力宣传茶叶的功能。

第四个版本是煮茶之水：神农尝百草时，天天忙着发明一些新的饮料，一天正在树下煮开水，突然有一片树叶飘落到锅里，水开后，呈现出漂亮的颜色并伴有清香，喝上几口，顿觉神清气爽、浑身舒畅。自此，茶叶成为一种神奇的饮料，广为流传。

大家也很快地发现了茶的神奇功效——可令人焕发活力，精神抖擞。东汉的《桐君录》中虽亦说到茶“煎饮令人不眠”，但更多的人还是把茶作为饮品：“酉阳、武昌、庐江、晋陵，茗皆好，东人正作清茗，茗皆有饽，饮之宜人……又南方有瓜芦木，亦似茗，至苦涩，取其叶作屑煮汁饮，即通夜不眠。煮盐人但资此饮，而交、广最重，客来先设，乃加以香芼辈耳。”

茶之意象

奠雁

俗话说：人挪活，树挪死。茶树不能轻易更换种植场所，“坚定不移”就是茶的意象。明代郎瑛在《七修类稿》中说道：“种茶下子，不可移植，移植则不复生也，故女子收聘，谓之吃茶。又聘以茶为礼者，见其从一之意。”茶在婚姻中被赋予“从一”绝不改易之意。清代曹廷栋的《种茶子歌》中说：“百凡卉木移根种，独有茶树宜种子。茁芽安土不耐迁，天生胶固性如此。”又因茶树常青，如爱情一般，以茶为聘，寄语新婚夫妇同结连理、白首偕老的愿景。

把茶列为首要之礼，意蕴人的心性专一、淳朴之意。无论是君臣之间的礼遇，还是夫妇之间的深情，茶都成了人们心中烁烁发光、寓意深远的最佳礼品。

这与伴手礼——大雁有着异曲同工之妙。周朝时，大雁有着丧偶后不另择配偶的象征。在“纳采”过程中，用一只大雁作为“伴手礼”，又有“奠雁”之称。宋朝形成的茶礼与上古时期流行的“奠雁”的确有不少相似之处，在后世的发展之中茶礼便取代了“奠雁”，成为婚礼的重要环节。

纳采是婚姻礼仪的一种，完整的婚姻礼仪包括六种，又称为“六礼”：纳采、问名、纳吉、纳征、请期、亲迎。此外，后期增加了下茶、定茶、合茶三个仪式。“下茶”是确定订婚后的第一个仪式，礼品包括：茶、红枣、糕点、首饰、衣料、礼金。女方“受茶”后需回礼，意味该女子不能再许配给他人，民间称之为“吃了茶了”。第二个仪式是，男方须备厚礼前往女家“报定”，即“定茶”。第三个仪式是，婚礼当天，要举行一次典雅的“合茶”婚礼大典，“合茶”意味新娘、新郎缔结连理、百年好合，又云“女人为茶”，故在“合茶”仪式中，以“女茶”为象征。

女子如茶

茶好比小鸟依人的女子。元好问《五岁德华小女》诗中道：“牙牙娇语总堪夸，学念新诗似小茶。”

茶象征着节俭持家的品行，“茶之为用，味至寒，为饮，最宜精行俭德之人”（陆羽《茶经》）。

茶自带孑然独行的清逸风骨，《明珠记·煎茶》中曾出现一位面善的煎茶女子，一身古色古香的装扮，气质出尘，“青衣执爨，分明旧识风标”。

茶客并不忍心扰乱这清幽画面，即便焦灼地想要喝到茶，也只是悄语低问茶好了没有。

君子似茶

茶如君子，是饮者追求的理想状态。平和、从容、清净、精简而又恬淡，茶与君子的相似之处在于品格上的操守，还有那与生俱来的灵性，过滤尘世浮华，真实沉淀下来。

茶不同于烟酒，酒不醉人人自醉，而茶却发人深省，修身励志。

饮茶的氛围讲究融洽，无论是为宾客恭敬地倒茶、敬茶，还是自酌自品，都不会像喝酒那样，为比谁能喝而争得面红耳赤，也不会因喝多而自我膨胀，出现耍疯打人的情况。饮茶者多为君子，君子之交清淡如水。

茶和酒都出于水，是人们灵感的不竭之源，至于衍生出的“性洁不污”之类的具体品质，那绝对是人们的一种憧憬。喝茶虽无大口饮酒的洒脱，但体现了人们文质彬彬的风雅。

文人饮酒，是漫不经意的恬淡；文人饮茶，则是自娱自乐的雅致。想象一下，某个寂寥的午后，茶更像是不离不弃的老友，陪伴左右，即使此刻饥肠辘辘、郁郁不得志，但只要想到“芳梅喜淡雅，永日伴清茶”，心情便豁然开朗。一瓯清茶，几枝梅花，茶香与花香朵朵漾开，邂逅了海阔天空的心境。

第四章

八卦占卜

弹指间灰飞烟灭

西汉漆盘的双凤太极图

西汉漆盘中心的双凤太极图（图上）传承自商周时代的天垣纹，多见于青铜器上的独立纹样，如西周伯公父壶盖图案（图下）。天垣纹之“垣”，初为“亘”，即以北极天枢为中心的北半球天象旋转之形，分为三垣：紫微垣、太微垣、天市垣。天垣又称“天元”“天心”“天极”。

在大汉朝，不能刷短视频浏览形形色色众生相；不能开直播，晒美景晒吃喝。在那个旅行难于上青天、邮一封家书来回需要大半年的时代，人们也想方设法让生活丰富多彩。后来，人们发现，通过学习增长智慧，生活就会妙趣横生：卜筮能预知未来，观天象能知晓阴晴。退一万步而言，就算不用来干什么，只要有张嘴，高谈阔论，也自有一番乐趣在其中。

古人的智慧值得我们深入揣摩和消化，接下来，就让我们一起来看看代表古人智慧“天花板”的“八卦”。

传奇之门

《河图》

古人谈天说地的这种超乎想象的能量始自于一匹脱水而出的神马，西汉孔安国说："河图，八卦是也。"人文始祖伏羲氏在卦台山观天察地时，祥瑞迭兴，忽然一声炸响，渭河对岸的龙马峰轰然裂开，飞出一只龙背马身的瑞兽，谓之"龙马"。

龙马生有双翼，身长龙鳞，背负图点，高八尺五寸，凌波踏水，如履平地。因为龙马在黄河里出现，这幅图就被称为《河图》。伏羲氏按照龙马的样式创造了八卦。龙马由八个基本元素构成：一头、一颈、一身段、一尾巴、四蹄，于是一幅完整的八卦图应运而生。《河图》就是指刻在龙马身上的简练的中国山川地理图。

《河图》是宇宙自然规律现象的轨迹图，也被人们称为"先天八卦"，乾在上，在南（古代常说南天门）；坤在下，在北，南北即天地。

东方日出之处为离卦，为火；西方是大江大河的源头，水为坎，故为坎卦；接着是西北，在中国西北面有一座有万山之祖之称的昆仑山，是全世界六条龙脉的发源地，山为艮，所以西北为艮卦。

兑卦位于地势较低、沼泽居多的东南方。东北多雷雨，植物繁盛，故为震卦；全西南多山谷，山谷间多风，故为巽卦。

《洛书》

大禹治水时，在洛宁县的洛河里，一只背上长有图案的神龟横空出世，龟背上的这幅图案又被称为《洛书》。根据《洛书》上图案的分布情况，大禹把天下划分为九州：冀、兖、青、徐、扬、荆、豫、梁、雍。

人们后来将龟壳用于卜筮，乌龟的头、四肢、尾巴全部伸出，呈阳，为乾卦。当乌龟的头、四肢、尾巴全部缩进去，呈阴，为坤卦。当乌龟的头部伸出、四肢缩入、尾部伸出，上部呈阳，中间呈阴，下部呈阳，为离卦。当乌龟的头部缩入、四肢伸出、尾部缩入，上部呈阴，中间呈阳，下部呈阴，为坎卦。当乌龟的头部缩入、四肢缩入、尾部伸出，上部呈阴，中间呈阴，下部呈阳，为震卦。当乌龟的头部伸出、四肢伸出、尾部缩入，上部呈阳，中间呈阳，下部呈阴，为巽卦。当乌龟的头部伸出、四肢缩入、尾部缩入，上部呈阳，中间呈阴，下部呈阴，为艮卦。当乌龟的头部缩入、四肢伸出、尾部伸出，上部呈阴，中间呈阳，下部呈阳，为兑卦。

《洛书》涵盖更多的人文内涵，是人们在现实生活中总结出的一套为人处世的规律和方案，也是关于人类社会如何运用自然规律的指南。水火为人类之大用，所以后天八卦上卦为火（离卦），下卦为水（坎卦）。火燃烧时是上行的能量，太阳也在天上，所以离卦在上，在南。而水流动时是向下运作的，江河湖海也都在大地上流淌，故坎卦在下，在北。

太阳从东方升起，草木繁盛，蕴意勃勃生机，人类在这里活动可以享受到生的气息，所以东方为木，为生命之动，为震卦；与东方不同，代表肃杀之气的西方为金，意味着收割毁折草木，来为人类所享用，故西方为毁折，为兑卦；接着就是位于震卦与坎卦之间的东北方，坎为水，水本来是动的（震卦），水静止后才能为人类所用，东北方位代表的卦象为止、为艮卦；位于震与离之间的东南方位为风，为巽，因为震为木，离为火，故人类用木柴生火时，在火苗不够大的情况下，会吹风，或者扇风，借风势，火燃得更旺，所以此处为巽卦。

坤代表的方位介于离卦和兑卦之间的西南方位，西方为兑，为人类收割毁折所用之金；离为火，人类用火冶炼金属，就需要先从大地里面挖金属矿物，故西南方为大地，为坤；最后一个卦象就是位于兑与坎之间的乾卦，兑的意象是人类所用之金属，坎为人所用之水，古人说金生水，是因为在生活中，冰冷的金属与空气相遇，水汽凝结成水，来自天上的水，与地上的水不同，为了体现这种不同，特起了个学名——乾卦。说到这儿，八卦的庐山真面目才揭晓。

《礼记正义》中记载："河为水宗，海为泽宗，岱为山宗。"河为水的老母亲，水为"万物之本原"，又被称为"太一"。《灵枢经》："太一者，水尊号。先天地之母，后万物之源。"当然，水只是五行元素的一个代表，在金木水火土这些简单的物质元素后面，有着人们意想不到的文化和传奇，所以聪明的古人利用这个神秘的宝藏库挖掘了不少宇宙的秘密，每当故事编不下去的时候，人们就脑洞大开，争取利用这些元素创造更多有趣的内容出来。

谶纬

到了汉代，八卦的学问经加工后形成谶（chèn）纬之风。谶，是通过含蓄的隐语的形式，展现出的预言。

纬，是指在阴阳灾变、符瑞、谶说等基础上，对儒家经义的引申、演绎与诠释。

谶原本是占卜、星占、望气等巫术性活动，民间方术之士将其中一些内容辑录成册，成为谶书。纬书就要复杂一些，古代统治者为了巩固政权，需要通过经典的文献来加强对百姓的驯化，这样经书便出现了，但总是看干巴巴的经书，人们感受不到九五之尊与普通众生的区别，需要一套所谓有规律的“瞎编乱造”的体系做支撑，于是，就有了汉代的谶纬之风。

万变不离其宗。谶纬之风跟我们上边讲的神马和神龟脱不了干系，《易·系辞》中说：“河出图，洛出书，圣人则之。”《河图》和《洛书》这两部宝贵材料，是禁得住推敲和检验的，上古帝王就是按照五行要素运行的规律治国理政的，上古帝王五行传承次序为：太昊（伏羲木）——炎帝（神农火）——黄帝（土）——少昊（金）——颛顼（水）。

谶纬原本出自天赐神圣的《河图》《洛书》，是神圣而玄秘的“天人之学”，汉代被人们加工成为图谶、图箓、图纬、符谶、谶记，等等。

这些美丽的图案代表着人们的愿景，是人们对太平盛世的期盼和构想，是神马和神龟福瑞气象下的虚构世界，蕴含着人们饱满的热情。人生长于大自然的沃土，既感激自然的恩赐，又期待统治者的仁慈。“德配天地，明并日月，则麟凤至，龟龙在郊，河出图，洛出书。”（《汉书·公孙弘传》）

八卦与治国

在神马和神龟的启示下，人们总结了治理国家的九条定律，这就是《尚书·洪范》中描述的伏羲利用八卦治理国家的九种方法：

一曰“五行”，指自然界木、火、土、金、水五种基本力量以及五者之间通过相互作用、相互转化而实现的动态平衡。

二曰“五事”，君王必须具备的态度、言语、眼光、听觉与思想等基本素质。

三曰“八政”，即农业生产、商业贸易、宗教祭祀、民政事务、教育文化、公安司法、外事外交、军事活动等政务。

四曰“五纪”，是通过年、月、日、星辰与相应数据来探索时空变化的规律，进而形成指引人们日常生活的时空秩序。

五曰“皇极”，即以和悦、宽容、真诚、公正的政治品质，树立君王伟大的统治法则。

六曰“三德”，要求君王和臣属要用刚柔并济的策略行使自己的权能，既要正义凛然，又要快刀斩乱麻般果毅，并要绵里藏针地表现出温柔和蔼的样子。

七曰“稽疑”，指面对重大疑难问题时，需采用严密的辩证思维方式分析裁度。

八曰“庶征”，即通过雨、晴、暖、寒、风五种自然现象的灾异情况，反思治国方法是否得当。

九曰“五福”与“六极”，即争取长寿、富足、康宁、美善与得享天年五种幸福，尽可能避免夭折、疾病、忧患、贫穷、凶恶、衰弱等六种不幸。

人们对自然的敬畏，即对宇宙的敬畏，对上天的敬畏。《淮南子》中描述了“清阳者薄靡”的天色与“重浊者凝滞”的地色，这是《河图》中神马身上的图案，即“先天八卦图”。

共工触山后，世界演化成了神龟身上的图案，即“后天八卦图”。天倾西北，乾卦（天）居西北，兑卦（泽）在东南。在先天八卦中，艮卦居于西北，到了后天八卦，艮卦被移到东北。

伏羲时，不周山在西北方，西北方是“艮”；文王拘羑里（今河南汤阴）时，因此前颛顼与共工打仗，搅得天翻地覆，西北方的不周之山已经不存在了，所以在后天八卦图中，艮卦位于东北方向。

“西伯”指周文王姬昌，“周”只是商王朝的一个方国，因此姬昌只有“伯”的称号，当时周人主要活动区域在商王朝西边，所以人们称姬昌为“西伯”。

《史记》记载，姬昌即位后以贤德闻名于世，颇受百姓敬爱。与之相反，纣王昏庸无道、挖心比干、炮烙大臣、欢饮宴乐、沉湎女色，口碑极差。

因此，纣王的一些臣子便投奔姬昌，纣王的佞臣崇侯虎伺机向纣王进献谗言，污蔑姬昌拉帮结派有造反的苗头。纣王生性残暴又心胸狭窄，听罢即刻命人将姬昌抓来，囚禁于羑里，一囚禁就是七年。

商纣王与周文王家族结怨已久。《诗经·鲁颂·閟宫》记载，文王的祖父古公亶父迁居岐山以后，周族蓄势待发，大有“剪商”之势。商王将文王的父亲季历召唤到殷都并将其杀害。纣王继位后，为缓和关系，将王室之女嫁给文王为妻，“帝乙归妹”说的就是这桩典故，面对杀父仇人的儿子设下的“套”，文王内心十分抗拒，但是他深知自己处于“潜龙勿用”的低谷期，不宜轻举妄动，遂“乖顺”地接受了这桩婚事。

七年的囚禁岁月，文王专心研磨人生 —— 如何在有限的时间内，趋利避害、逢凶化吉。人们单凭一己之力、一时之勇奋而反抗，通常都不会真正解决核心问题。顺时而为、顺势而为，既是顺应世事之道，也是顺应宇宙规律。周文王深谙天、地、人运行之道，写就了令人叹为观止的著作《周易》。《周易》既是对《河图》《洛书》思想的继承，也是周文王将自身经历与商周历史相结合后，对宇宙观的理解和阐发。

南园遗爱

汉昭帝元凤三年，即公元前 78 年，泰山莱芜山南发生了一幕千人围观的盛大场景，围观的对象是一块能够自立的神奇大石。这一年，奇怪的事情接连发生，百姓发现昌邑县的一棵大枯木死而复生，更神奇的是，上林苑中一棵被砍断的大柳树不但重新开枝散叶，而且小虫子也在树叶上做起了文章：在被小虫蚕食过的叶子上，赫然呈现出“公孙病已立”五个字。

为了解释这种种怪异现象，朝中大臣眭弘引经据典，查找了大量的学术资料后发言道：“石柳皆阴类，下民之象，泰山者岱宗之岳，王者异姓告代之处，今大石自立江柳复起，非人类所为，此当有从匹夫为天子者。”大致的意思是，这一切都意味着有太子流落在民间。

眭弘为了证明自己的判断，还傻傻地劝皇帝赶快退休，派人去民间把真命天子找回来！估计皇帝被眭弘说得有点儿蒙，原本以为自己阅人无数，没想到碰上了一位劝自己早日退休的，这还是第一次！要说反应最快、最敏感的还数霍光，眭弘这一席话让当时处心积虑想秉权的霍光内心发毛，为了掩饰内心的慌乱并向皇帝表忠心，遂以“妄设妖言惑众，大逆不道”的罪名治死了眭弘。

五年后，真相大白：名为“病已”的宣帝以“太子”的身份重现江湖。刘彻授命的托孤大臣霍光，迎回了这个失落于民间的皇子。眭弘用生命诠释的那段谶语并非空穴来风，但斯人已逝，霍光一手遮天，逝者含冤莫白。

在汉武帝晚期，卫太子刘据的家族在巫蛊之祸中被覆灭，在卫氏家族残余势力的保护下，卫太子之孙刘病已得以幸存下来，避居在外婆家，迎娶了平民之女许平君，过起平静安宁的生活。但岁月静好的日子很快被打破，刘病已的特殊身份注定了他的一生必是不平凡的。

刘病已的妻子许平君生下儿子刘奭（就是后来的汉元帝）后不久，刘病已便被拥立为帝。一向觊觎皇权之位的大将军霍光见缝插针，先是将其次女霍成君嫁给汉宣帝为妃，而后又步步为营，想将女儿立为皇后。此时，已是汉宣帝的刘病已，不舍糟糠之妻，在霍家权势熏天、公卿大臣们集体上书支持立霍光之女为皇后的重压下，仍不改初心，用一种极委婉的方式拒绝了众臣，坚守了爱情。他下了一道让人摸不着头脑的诏书：“朕曾经在贫微之时有一把特别喜爱的宝剑，后来却不慎丢失了。如今我十分想念它，希望众位爱卿能帮我找回来。”群臣看了诏书，揣摩上意，知道皇帝的本意是要立许平君为皇后，虽然惧于霍光的权势，但更怕得罪当朝皇帝，于是一个个又改变主意，请立许平君为皇后。霍光见势，也只好应允了。

悲剧不期而至。一入皇宫深似海，在尔虞我诈的后宫，鲜有人全身而退，贵为皇帝的刘病已，使尽浑身解数也无法阻止悲剧的上演：许平君在残酷的后宫遭暗算而死。刘病已悲痛不已，将许平君葬在南园，下旨待他故去后，两人合葬于此。他用自己独特的方式完成了对爱情的承诺，成就了一个凄美的爱情故事——南园遗爱。

几年后，他将霍家势力一网打尽，就此报了杀妻之仇。

万民面前，他一呼百应，指点江山，是大汉朝的“中兴明君”；夜深人静，令他魂牵梦绕的依旧是南园……

相术之术

“人命受于天，则有表候于体”，说的是相术是通过对人们的体貌、言行举止等外在形象符号，来预知人生荣辱、祯祥、祸福、成败的一套理论方法。春秋战国年间，已出现了从事相术活动的相士。

刘邦

据记载，汉代开国皇帝刘邦未成名前，曾被慧眼识珠的相士看好，他的夫人和孩子，也都相过面。《汉书·高帝纪上》记载，吕后父亲吕公初次见到刘邦时，发出如下感言：“我擅长给人相面，但在我相过面的人中，没有谁比你面相还好，请君珍重！我有一个女儿，我愿意把她嫁与你，作为你执箕持帚的妻子。”

刘邦受宠若惊，虽没见到未来妻子的相貌，但看着未来岳父的长相及谈吐，料想其千金也不会差到哪儿去，而如今自己光棍一个，没钱没房，人家都甘愿将女儿送上门来，何乐不为？

吕公和刘邦虽然一拍即合，但吕公的夫人得知丈夫的决定后，怒气冲天。她指着吕公的鼻子骂道："你一直认为大女儿非比寻常，非富即贵。沛令和你交情不错，他来求婚，你都没同意，为什么现在却盲目地把女儿许配给这个没啥背景和权势的二流子呢？"吕公摇摇头，并不想做过多的解释："就算我说出理由，你们女人家恐怕也不能够理解！"

被吕公一眼相中，刘邦到底是怎样一副尊荣？

《史记·高祖本纪》记载："隆准而龙颜，美须髯，左股有七十二黑子。"隆准，即高鼻梁。龙颜，龙一样的额头。

刘邦高鼻梁、长脖颈，脸上留有漂亮的胡须。毛发生长在上唇则为"髭"，生长在脸上则为"须"，生长在两颊上则为"髯"——这就是传说中的帝王之相。

刘邦在当亭长的时候，有次请假回家处理农事。夫人吕雉正带着俩孩子在田中除草，一位老父从田间路过来讨水喝，吕雉顺便给了他一些饭吃。老父仔细端详了吕雉的相貌后说："夫人是天下的贵人。"吕雉让他替孩子们相面，老父说："母因子贵，这个男孩能让夫人显贵。这女孩，也是贵人相。"贵人相有啥特征呢？头发稀疏黑亮，额头丰润宽广，天中、天庭无瑕，日月角高圆隆起。

相面先生离开后，恰逢刘邦从一旁的田舍走来，吕雉详细地讲述了老者为他们母子看相的结果。刘邦听后，也想预知一下自己的未来，便问相面老人的去处，吕雉回答说："还没有走远。"于是刘邦追上了老父，询问他自己的面相好坏。老父说："你与我刚才看过的母子三人的面相极其相似，都是上等贵命，并且你要比他们还显贵得多！"刘邦一听，心领意会，激动地说："若真如您所言，我定会报答您！"

邓通

文景之治，是汉文帝与汉景帝父子联袂打造的大汉盛世，这一时期经济飞速发展。

汉文帝有一个宠臣，名叫邓通。邓通家境殷实，虽然肚子里没啥墨水，但是课外活动还不赖，尤其擅长游泳。在他年纪还小时，他爹便把这宝贝儿子送到京城，让其见见世面、碰碰运气，顺便给他买了个官职，望日后光宗耀祖。

邓通自小随父亲长大，家里出入的都是些权势之人，他便练就了一身随机应变的本领，一到京城就谋上了专职掌管行船的差事——黄头郎。自此，运气直线上升。

本来与皇帝没有一丝交集的邓通，却在汉文帝的梦中崭露了头角：一晚，汉文帝在梦中正火急火燎地要登天，却无论如何也登不上去，这时有人用力一推，文帝顺势就登上了天际。文帝不知此人的名字，只隐约觉得他的打扮类似黄头郎：身穿横腰的单短衫，衣带系结在背后。凭着这点线索，汉文帝醒来后立即派人按图索骥，很快找到了帮自己登天的助手——邓通。邓通谐音为“登通”，与梦中情境算是对上号了。

第一印象定终身，邓通八面玲珑的样子，文帝一见就爱上了。而且人家还是在千钧一发的关键时刻帮助过文帝的福将，怎么能亏待？于是，文帝对邓通的恩宠源源不断，赏钱高达亿万。

当邓通被金银财宝铸成的幸福冲得晕晕乎乎时，发生了一个偶然事件。一次，文帝招来一个相术师相面，相术师任务完成后，文帝觉得相术很准，就把邓通喊来，让相术师给他看面相。相术师看完后，给出的答案是：邓通会穷死。文帝难受极了，不仅大批量赏赐邓通钱财，还允许邓通开矿铸钱。具有商业头脑的邓通，因为铸造的铜钱质优物美，博得众人所爱，各大诸侯国竞相征用邓氏铜钱，一时邓氏垄断了货币市场。

当然，邓通也是个懂得感恩的人，知道能有今日之荣华，要归功于文帝，对文帝的感恩之情如滔滔江水不可收。文帝得了脓疮，邓通就用嘴将脓疮内的淤血吸出来。这使得病弱中的文帝很是感动。文帝暗想，就算亲儿子也做不到吧？为了验证自己在儿子心中的地位，他派人唤来被众人捧成德智体美劳全优的太子，给太子同样一个吸脓疮的机会。向来养尊处优、被人伺候惯了的太子哪见过这阵势？一瞧到污浊流脓的伤口，就情不自禁地恶心呕吐。见此情景，文帝心里的阴影面积许是无穷大了，即将继承江山大业的亲儿子，论孝顺还不如一个臣子！

没有比较就没有伤害，邓通虽然赢得了文帝的信任，却也埋下了祸根，他伤害到的是当今太子——皇室掌门人。太子记恨在心：这个一肚子馊主意的邓通，真不是什么好东西！但鉴于父亲的喜爱，自己也懒得冒着得罪父亲大人的风险杀他。

时过境迁，几年后，文帝去世，曾经的太子已登基，后世称“景帝”。他随随便便找了几个“名正言顺”的理由，便将邓通革职、抄家。落难凤凰不如鸡，昔日那群酒肉朋友见邓通落魄后，都闪得无影无踪，唯恐沾上一点儿晦气。曾经风光无限的邓通，让相术师一语成谶，流落街头，饥饿而死。

午夜游魂

先秦时，南方人（楚人、越人）“信巫鬼，重淫祀”。人们以祭祀的方式哀悼和缅怀先人，让逝去的精魂沾染了诡谲而神秘的色彩。到了汉代，关于鬼神的故事仍不绝于耳。

汉献帝初平年间，据传长沙有个桓姓人过世，入棺一个多月后，他母亲听见棺材中有人说话，打开棺材，儿子居然活了。找算命人占卜，算命人说：“极阴转变为阳，身份卑微的人要占据高位。”没过几年，普通的孝廉郎曹操，一跃成为一代枭雄，应验了算命人的预测。

寿光侯捕怪物

汉章帝时，有个人叫寿光侯，据说能降服各种怪物，让它们自投罗网、原形毕露。寿光侯乡邻的妻子，被妖怪所害，久病不治。寿光侯施法，抓获了一条几丈长的大蛇并将其杀死在门外，此后，病者痊愈。

一村头有棵大树，据说树里藏有妖精，路人在树下栖息时会莫名死亡，就连飞过树梢的鸟儿都会掉落下来。

盛夏时节，寿光侯施法，只见大树枝叶尽落，一条七八丈长的大蛇吊死在树上。

这些古怪的事儿像风一样不胫而走，飘到了汉章帝的耳朵里，他差人将寿光侯带来询问，寿光侯说这些妖孽的确都是自己整治的。汉章帝就抛了个难题给他，说："我的宫殿里有些怪物，半夜后，经常披头散发，穿着大红色衣服，拿着火把，排队蹦跶，怎样才能降服它们呢？"寿光侯听罢打包票说："放心，消除这些小鬼，没太大问题。"夜晚来临，汉章帝派了三人伪装成怪物。寿光侯施法后，三人顿时倒地而亡。本打算试试法师水平的汉章帝忙摊牌说："他们其实都是人啊！"寿光侯遂救活了三人。

王忳雪冤

汉代有很多关于"亭怪"的传说。什么是亭呢？亭，是路边的治安机构，是灵怪高发地段。《汉书·百官公卿表上》说："大率十里一亭，亭有长。十亭一乡，乡有三老、有秩、啬夫、游徼。"

亭里的老大叫"亭长"，亭长官阶比里长大，比乡长小，主要负责逐捕盗贼，维护辖区内的秩序。同时还要解决一些民间纠纷、监管外来人员、协助上官征收赋税和征发兵役、徭役等。春秋战国时期，各国在边境上设置亭，用以守望和防备敌人的进攻。

秦汉时，亭由边境发展到内地，由防御外敌转变为抓捕一般的盗贼。除具有治安职能外，同时还兼有驿馆的作用。“亭，留也。今语有亭留、亭待，盖行旅宿食之所馆也”（《太平御览·风俗通义》）。在亭内，可接待政府官员，普通百姓也可在此留宿。

起初，仅有地方设亭，西汉平帝和东汉顺帝时，开始在全国范围设置亭。所设之亭，依据所在方位，有不同名称。位于城市中的亭，称为“都亭”；位于市场中的亭称为“市亭”；位于城门上的亭称“门亭”；街道旁的亭称“街亭”；乡村的亭称为“乡亭”“下亭”“野亭”等。

不过，大多数的亭位于人烟稀少的偏僻荒凉之地。由于附近没有客栈，途经此处的外乡人便留宿亭中，时间久了，南来北往，五湖四海的人都客居于此，常发生各种离奇古怪的故事。

《后汉书·王忳传》记载了郿县县令王忳一段奇遇。王忳路过斄亭，想要留宿，亭长提醒说：“亭中有灵怪，多次杀死来往的旅客，很危险，最好不要在这里住宿。”不说倒好，一说就触及了王忳的职业病，他正义凛然道：“邪不压正！”执意拎着包裹入亭住宿。

半夜，有灵怪喊冤。

王忳问：“你有何冤枉，不妨说与我听。”

灵怪上前申诉道：“我的丈夫曾是涪县县令，出差路过这儿，露宿在亭子中，亭长凶狠毒辣，无缘无故杀掉了我家十多口人，埋尸楼下，并卷走了我们的财物。”

王忳问亭长姓名。灵怪曰：“今门下游徼者也。”

王忳责问：“既然你知道自己真正的仇家，为何杀那些无辜的路人？”

灵怪对曰：“小女子冤枉！跟来往的旅客诉说自己的遭遇，他们都无动于衷，一怒之下，才动了杀念。”

王忳曰：“我现在就为你雪冤，以后不要再滥杀无辜了。”

第二天早晨，王忳召来游徼诘问，对方供认不讳，牵扯出十个同谋，都伏法认罪了。

刘邦斩蛇

高祖刘邦当亭长时，在去骊山的路上，将押送做徭役的役夫全部释放，夜半醉饮，仍坚持夜行，途中遇一白蛇挡路，众人畏惧，刘邦向前拔剑斩之。

当夜，有一位老妇人哭泣。

路人问及缘由，老妇人说：“别人把我的儿子杀了。”路人又问：“您的儿子为什么被杀？”

老妇人说：“我的儿子，也是白帝的儿子，化成大蛇趴在路中间，却被赤帝的儿子斩杀了。”

赤帝、白帝、黑帝、青帝、黄帝，是谓“五色帝”，代表了巴蜀先民的始祖，也是当时国家祭祀的对象，西汉建石室精舍，以便祭祀先圣、先师、先贤。

一个普通老妇竟说自己的儿子是万人敬仰的先祖之子，路人不免觉得她在胡言乱语，亵渎神灵，准备打她时，老妇人忽然消失不见。后来有人把这件事情告诉刘邦，刘邦心中窃喜，自认为是赤帝的儿子，自此，那些跟从他的壮士们也对他更加敬畏、崇拜。

第五章

汉画像石

何事秋风悲画扇

骖车过桥画像砖［东汉］

汉代是中国画的形成时期，荟萃了儒家及道家文化、原始巫术文化的内蕴，是绘画史上不可或缺的风景区。

其间，汉画像石应运而生。画匠们用精湛的雕刻技艺将绘画呈现在石椁、墓壁、墓室、祠堂、石板等器物之上，让画像石艺术流传千古。

两汉时期，能举办得起殡葬仪式的家庭，多热衷于画像石。他们让画匠们在石椁、石墓、石祠上精雕细琢，绘刻出漂亮的图案，带有复杂图案的画像石是主人身份和地位的彰显。说白了，画像石艺术是有钱人的高端追求，他们不仅要风风光光地活着，还要大张旗鼓地下葬，棺材板成了他们亮资质、晒幸福的最后一款“丽”器。

如何让死者的棺材板更漂亮？追求生活品质的人家选用木椁，为了给死者营造温馨之所，死者家属委派专人漆棺或悬挂帛画；段位高的富商大贾、中小官吏，棺椁用料为石板，画匠在石板上勾勒出清晰的线条，画面留白处会刻深一层，直观上看，这些刻在石头上的画，不似立体感十足的石刻，而是更接近平面的绘画，自然真实。

尽管画匠们尽心竭力、点滴雕琢、日夜研磨，将毕生心血付诸石头上，但石头不会唱歌，它们隐匿于偏僻的墓地，人们想要欣赏和学习，也非常费劲，直到拓片技术的出现，石板上的画面用墨捶复制，就是“拓印版画”。

有了拓片技术后，人们就不必担心找不到古墓，画面失传；也不用害怕下雨阴天腐蚀石板，导致图像模糊不清。拓片不仅图像清晰，易于鉴赏，也便于携带和收藏。我们今天所能看到的汉代画像石，就是拓片技术的功劳。

近现代学者林语堂曾说：“若不知道人民日常的娱乐方法，便不能认识一个民族，好像对于个人，我们若不知道他怎样消遣闲暇的方法，我们便不算熟悉了这个人。”

汉现代社会的游艺风俗、生活习俗、审美情趣，虽是汉代文化的冰山一角，但在没有照相机和手机的时代，文字、绘画就成为了他们记录生活的一种重要方式。在画匠们着力的素材和主题中，我们有幸见证了汉代人的生活。

农耕

汉代绘画艺术受阴阳五行、天人感应的影响，常表露出人与自然的和谐。百姓的日常就是劳作，而农耕则是劳动人民的永恒主题。

管子曰："仓廪实而知礼节。"翻译成大白话就是：肚子不饿了，家里有粮了，人民也不必为一个馒头大打出手、争得头破血流了，社会自然礼让有序。

政治家管理国家跟农民经营土地相似，如何打理好自己的地盘，始终是一件大事。

怎样才能提高农民工作的效率？磨刀不误砍柴工，打造工具吧。汉武帝时，冶铁业收归官营，全国设置铁官四十九处，冶铸铁农具的规模迅速发展壮大，铁制农具被广泛应用于农业生产中，农业生产效率大幅度提高。

祭祀先贤

当时，最为大型的耕作工具，要数犁。人牵着牛，牛拉着犁，在一望无垠的原野上耕作。有一牛拉犁、一人扶犁的耕作方式，如果条件允许，也可升级为二牛抬杠、一人扶犁式，最为阔气的要数一牛一马抬杠、一人扶犁的耕作方式。

牛耕的出现使得农业迅速发展，汉明帝时一度出现“天下安平，人无徭役，岁比登稔，牛羊被野”的盛世景象。

汉代画像石中，也常出现牛耕的情景。为更好地保丰收、促发展，百姓们开始将希望转向神灵，他们献礼各路“神仙”，祈祷风调雨顺，年年好收成。他们祭拜引领万物复苏的春神，祭拜执掌农时的北斗，祭拜农神炎帝，祭拜呼风唤雨的风伯、雨师及河伯……

农神炎帝，是人首牛身之神。《帝王世纪》记载：“神农氏，姜姓也。母曰妊姒，有乔氏之女，名女登。游于华阳，有神龙首感女登于尚羊，生炎帝。人身牛首，长于姜水，有圣德；以火承木，位在南方，主夏，故谓之炎帝。”在汉画中，炎帝神农氏彻底人神化，伏羲、女娲、祝融、神农、黄帝、颛顼、帝喾、尧、舜、禹、桀等古代帝王图像也纷纷出现在画像石中。

《风伯雨师图》中，三神人合力共曳一车，车上乘一驭者，一尊者，五星相连为轮，据考，五星为“五帝星座”，四位神人在泼水行雨；右端风伯，赤身，双手合十，作张口呼风状，其间云雾缭绕。

在一些农忙主题的画像石中常见相似的场景：空中

鸟儿飞鸣，田野里的庄稼已快成熟。耕牛在主人的吆喝声中抬杠拉犁前行，扶犁的农夫右手扶犁，左手持长鞭；农夫身后，一提篮小童随其播种；另一农夫挑担来到田间，为耕作的家人送饭、送水，家犬紧随主人；一辆拉犁或运肥料的大车停放在地头，拉车的牛在田间悠闲地游荡；禾苗茁壮，飞鸟有的落于车把上歇息，有的寻树而依……

《弋射收获画像砖》中：六人正在收割水稻，中间三人正弯腰选收稻种，右二人手持刈钩，正忙于割稻，左一人一手提篮，肩上挑着一担已扎好的稻穗。

汉代农耕的繁忙景象栩栩如生、一一尽现。

以史为鉴

大汉王朝延续了四百余年，兵燹打乱了百姓们踏踏实实的日子。无论对于高高在上的君主还是平头百姓，战争都是不小的冲击，这也给人们上了一课，想起《易传·系辞传下》中的警句——安而不忘危，存而不忘亡，治而不忘乱。

君子在国安时要提防危险，国存时不忘败亡，国治时不忘变乱。处于安全环境时要考虑到潜在的危机，有所准备就可以避免祸患。“居安思危，思则有备，有备无患”（《左传·襄公十一年》）。

弋射收获画像砖［东汉］

汉画是汉代人民生活的写生，更是劳动人民展望未来的心声。生活不如意时，人们常常自勉，严于律己，避免灾难困苦的加重，祈望新生活的开启。

画匠们以古劝今，将历代君主刻于石上，贤愚自现：昏君夏桀与伏羲夏禹等圣君齐现，夏桀本色出演，手中执戈，坐在两个匍匐于地的女子身上。

这种恶以诫世、善以示后的匠心设计，凝聚着思古忧患的垂训之意。

此外，汉代宫廷内也并不消停，最出名的内乱要数“党锢之祸”，简称“党祸”“党锢”“党禁”，就是专权的宦官和士大夫之间勾心斗角、争权夺利的战争。东汉时期，仅大型的党锢之祸就发生了两次，涉及世家大族的有数百人，且多为文人。

《论语·卫灵公》云：“人无远虑，必有近忧。”有着灵敏思维特质的汉代人，无论是面对自然灾害带来的困厄，还是备受摧残的社会环境，都不再像上古时那样手足无措，更多的是理性地吸取前车之鉴，文武并用，先礼后兵，谋者的智慧与勇者的力行兼容并蓄。

禳旱避灾

汉代的画像图中，有很多关乎禳旱避灾的主题，通过祭祀来感召天的“雩祭”，是汉代民众热衷的求雨之祭。“应龙”为有翼之龙，由普通的龙历经一千五百年演化而成，具有行水的神功，是祭祀的主要神物。《山海经・大荒东经》云：“旱而为应龙之状，乃得大雨。”汉画中的“应龙”皆卷尾张口、曲颈展翼，一般被刻绘在墓室立柱的四侧或墓室过梁这些重要位置。南阳曾为汉代干旱的重灾区，冬春夏三季连旱的惨剧经常发生，因此当时的画匠打造了很多的应龙图像避灾。

此外，虹是能降水的神灵，虹身呈弧形，两端各有一头，瞠目张口，常被刻绘于墓室顶部。

射礼

周代王城和诸侯国都的近郊称之为“乡”，设家、比、闾、族、党、州“六乡”；远郊为“野”，设家、邻、里、酂、鄙、遂“六遂”。居住在六个乡里的平民为“国人”，出身多为士或庶人，他们的子弟有进入乡学受教育的权利。居住在六遂的百姓都是奴隶，也叫“野人”或“氓人”，没有受教育的权利。

“射礼”是六乡人民的一项竞技运动。“射”起源于田猎，形成于西周至东周初期。弓箭发明于黄帝时代，新石器时期，用于战争与田猎。《周礼·冬官考工记·弓人》中曾经说明了良弓的制造材料，分为干、角、筋、胶、丝、漆六种。

先秦时期，乡射礼成为民间的一项体育运动。

乡射礼：有德者参加

乡射礼的举办方是卿大夫（或作乡大夫），大夫和士是观众嘉宾，乡学中的弟子也可做些场外工作。

每年春秋两季，各乡的行政长官、乡大夫都要以主人的身份邀请当地的卿、大夫、士和学子，在州立学校中举行乡射礼，《仪礼·乡射礼》完整地记载了乡射礼的比赛规程。

天子以下最大的行政单位是——乡，大的诸侯有三个乡，一个乡有一万两千五百户，乡之下是州、党、族、闾、比。古代学校有专门的名字叫“序”，州长和尚未取得爵位的处士之间进行的这项活动就是“乡射礼”。

乡射礼由乡大夫亲自举办，有德行者准予参加，将礼的准则以竞赛的方式落实于娱乐，将德升华为一种反躬自省的行为方式。

司射：教练兼指挥

射礼活动的主持即“司射”，又称为“大射正”。司射将水平相近的参赛者合为一耦，同一耦射手在升堂、下堂等各个环节，都要彼此揖让，乡射礼的胜负是以三耦的上射为一组、下射为另一组来计算的。

司射担任教练兼指挥的角色。弓箭按照大小分为不同等级：最小的弓称为“一弓”，六尺长，此外还有五十弓、七十弓、九十弓。

司射挑选六名德才兼备的弟子，将射艺相近者两两结合为一组，按出场顺序分三组：上耦、次耦、下耦。

习射画像砖［东汉］

每耦上射、下射各一名，每番比射，每位射手须发射四支箭。三组队伍站在堂下，司射发号施令："不许射伤惊吓报靶者！"上耦的两位射手升堂开战，射手身着长袍，箭筒里插箭三支，另外一支箭在弦上，蓄势待发。

射绎

"射之为言者，绎也，或曰舍也。绎者，各绎己之志也"（《礼记·射义》）。"射绎"就是寻绎，熟练的射者不仅有高超的射箭技能，更在于能为自己的心灵找寻到方向。

"发而不失正鹄者，其唯贤者乎？"（《礼记·射义》）射箭前要找好目标和方向，不仅需要遵循规范，还要有进取的精神，否则就算不上是贤德之士。

射箭技术是上古人们的看家本领，拜师学艺也颇为常见，"逢蒙学射于羿"（《孟子·离娄下篇》），"蜂门始习于甘蝇"（《吕氏春秋·听言篇》）。学箭不仅在学艺，更在修心。

纪昌师从飞卫学习射箭，飞卫让他练习基本功：不眨眼。纪昌回到家，仰卧于织布机下，盯着梭子，保持不眨眼的状态。两年后，锥尖刺眼皮，他也不会眨眼。而后，飞卫便训练他见微知著，即观察微小事物的能力。

纪昌将系虱子的牦牛毛悬挂在窗户上，进行观察训练。十天后，他感到虱子渐渐“变大”；三年后，那虱子好似车轮般大。再看看周围的事物，也宛如山丘般显眼。纪昌左手持弓，右手控弦，张弓射箭，射向虱子，正中虱子中心，拴虱子的牦牛毛却纹丝不动。

至此，飞卫才告诉纪昌，你已经掌握了射箭的诀窍了。

射礼

射礼，是古人修行德操的一种方式。古人娱乐活动那么多，为什么单以射箭的形式反思人生呢？这要从古人的“中正之道”说起。

《论语·雍也》云：“人之生也直，罔之生也幸而免。”孔子的意思是，人活在世上应该身心端正，当然你也会看到一些邪恶人士逍遥混世，但那不是长久之计，他只是侥幸地避免了灾祸，迟早会受到惩罚。

中正之道，也是为人之道，即“善人之道”，那么如何秉承中正之道呢？

子张问过孔子这个问题，孔子是这样答复的：“不践迹，亦不入于室。”（《论语·先进第十一》）意思是，心性纯良的善人如果不多读书，不效法圣贤的足迹，也不足以在思想上更上一层楼，达到更深的境地。可见“中正”也是要讲究方法的。

诸子百家皆以如何修身立国为依托展开理论研究，真正有修为的人能参天地、通神明，有效规避灾祸。汉画像石所反映的许多文化现象，都透露出“以德御患”的思想主旨。

射鹄：君子之争，比赛第二

“射鹄”就是反复内省、存养、进取的过程。“为人父者，以为父鹄；为人子者，以为子鹄；为人君者，以为君鹄；为人臣者，以为臣鹄”（《礼记·射义》）。

“射”是抒发的意思，射者追寻内心所向。身心纯正，弓箭稳固，视线集中，方能射中箭靶。练习射箭的过程不仅是对基本功的打磨，更是提高修持的途径：作为父亲，要以身作则，才能给孩子做好榜样；为人子，要孝顺双亲，才是好孩子；为国君，要心系民生，才能当好一国之主；为臣子，应辅助国君，尽心尽力为百姓谋福。

乡射礼不仅是供给娱乐和消遣的竞技比赛，亦是通融柔缓的心理机制，秉承“友谊第一，比赛第二”的原则，从人性自身的提升入手，克服自我意识。“射求正诸己，己正然后发，发而不中，则不怨胜己者，反求诸己而已矣”（《射义》）。如果开弓没有射中目标，不要怨天尤人，尤其不要忌妒那些成功的射中者，而是要反躬自省，挖掘自身的问题，只有保持这样谦虚谨慎的态度，才能抵达人生的至高境界。

射礼结束后，为了缓解竞争压力，特设“酬酒”作为彩蛋：所有宾客，从身份高者开始，依次向下进酬酒，从宾酬主人、大夫酬众宾之长开始。最末两位受酬者站在西阶上，依尊卑之序向堂下众宾酬酒，堂上、堂下，歌奏不已，尽欢而止，宾客起身告辞走到西阶，乐工奏《陔》送别。

内心恭敬平和的人，才会彬彬有礼。射礼时，上下堂、取箭、饮酒……只要相遇，彼此都要揖让，以示尊敬。孔子说：“君子无所争，必也射乎！揖让而升，下而饮，其争也君子。”君子以修身进德为本，不妄与人争高低，比射时与对手揖让登堂，赛后坐下来一起饮酒，这就是君子之争。

神兽、灵禽、花卉画像砖［东汉］

祥瑞

汉画像石中还有很多关于祥瑞和辟邪的图画，如仙人乘鹿、鹿车、飞廉、神牛、朱雀、麒麟、仙鹤、神龟、熊、铺首衔环、强良等画像石都包含着谶纬思想，真切地反映了汉代谶纬思潮的盛行。

羽人

屈原的《楚辞·远游》中就有关于羽人的介绍，“仍羽人于丹丘兮，留不死之旧乡。朝濯发于汤谷兮，夕晞余身兮九阳”。诗人期待像羽人那样羽化升仙，飞往不死的仙乡，某个太阳升起的早晨，优哉地在汤谷里盥洗头发，九个太阳洒过光来，一切如梦如幻。

“羽人”成了仙人的代名词，到底羽人长什么样呢？《山海经》中有段描写，“羽民国在其东南。其为人长头，身生羽，一曰在比翼鸟东南，其为人长颊”。像鸟类一样，羽人有了羽毛，就可以飞往天际。王充《论衡·道虚》中说：“为道学仙之人，能先生数寸之毛羽，从地自奋。升楼台之陛，乃可谓升天。”成为羽人需要历经气息训练、绝粒、轻身、羽化。

秦汉时期，上至皇帝下至平民百姓，尽管所见得道之士寥寥无几，但大家始终对升仙之事深信不疑，汉武帝坚信“不死之药可得，仙人可致也”之类的话语。

人们既想羽化升仙又担心被他物阻拦，鬼蜮作怪是升仙道路上最大的障碍。《史记·秦始皇本纪》中说：“求芝奇药仙者常弗遇，类物有害之者……恶鬼辟，真人至。”

从西汉初期开始，人们担心死后成仙的理想受阻，驱魔逐疫成为捍卫成仙之路的一项具体措施，人们在坟墓的门扉、门柱、门楣以及墓室内雕刻各类神人或神兽，用来保佑死者的灵魂不受外界的侵扰。

龙

以龙为题材的画像石也非常多，龙在汉代画匠笔下长什么样呢？王充《论衡·龙虚》云：“世俗画龙之像，马头蛇尾。”雄龙有角，雌龙无角，无角的龙为“虬”或“螭”，双角的龙称“蚪”。《淮南子·览冥训》曰：“乘雷车，服驾应龙。”高诱注云：“应龙，有翼之龙。”长有翅膀的龙，最受人敬重，广为流传。

龙神通广大，时隐时现，变幻短长，“能细能巨，能短能长，春分而登天，秋分而潜渊”，又“能兴云致

羽人画像砖［东汉］

羽人戏龙、虎画像砖［东汉］

雨，调和阴阳云气”。

龙成为人成仙的交通工具，人们乘着它能行游四海。《庄子·逍遥游》有记载：

> 藐姑射之山有神人居焉，肌肤若冰雪，绰约若处子，不食五谷，吸风饮露，乘云气，御飞龙，而游乎四海之外。

黄帝骑黄龙上天。《史记·封禅书》曰：“黄帝得仙上天，群臣藏其衣冠。”汉武帝也异常迫切地希望能乘龙飞升仙境。历代帝王都想沾沾龙的喜气，自命为“真龙天子”。据说，龙会时常围绕在有“君王之相”的人周围。

汉代的谶纬思想融合了楚文化、道家思想，追求羽化升仙。因此，祥瑞、升仙、辟邪等成为汉画的常见主题，辟邪是升仙不可或缺的加持，“将预升仙，必先辟邪”。

百兽之长的虎是辟邪神兽，被单独刻在石面或砖面上，虎的身下常是山峦起伏，云气缭绕。这些虎，绝非人们常见的虎，而是四灵之一中的虎。《抱朴子·对俗》中云：“虎及鹿兔，能寿千岁。寿满五百者，其毛色白。”

《风俗通义》卷八《祀典》云：

虎者，阳物，百兽之长也，能执搏挫锐，噬食鬼魅，令人卒得恶遇，烧悟虎皮饮之，系其爪，亦能辟恶，此其验也……画虎于门，皆追效于前事，冀以御凶也。

虎被刻于墓室的门扉之上，与青龙分别作为单独画像刻在墓室的过梁两侧，与东汉时期流行的四神镜相似，寓意“左龙右虎辟不羊（祥）”。

百戏

汉代画像石是汉代人们生活的写照，石上刻画了百戏、博戏、投壶等场景。百戏，是汉代音乐、舞蹈、歌唱、杂技、幻术等各种艺术形式的总称，也是汉代民间与宫廷不可或缺的一套礼仪模式，常出现在婚丧喜庆、宴享典礼、外事活动等场合。

与现代的马戏团表演异曲同工，百戏演员同样侧重于滑稽的表演和才艺展示。在狭小的空间内，演员一面游刃有余地展现形体动作，一面措置裕如地施展跳丸、弄剑、耍坛、旋盘、绳技、都卢寻橦等技艺。

滑稽表演

画工既能细致入微地顾及每个小人物的特色，又能将喧嚣繁杂的场景错落有致地描摹出来，画面感十足，观者如临其境。滑稽表演者又名为“俳优”，以说笑逗乐技能见长，他们畸形丑陋、举止夸张，表情顽皮可笑。

俳优衣装随意，袒胸露腹、长裤赤足，左臂抱一鼓，右手握一鼓槌，头束巾带，额前数道皱纹暴露了当事人

丸剑宴舞画像砖［东汉］

杂技画像砖［东汉］

的年龄，然而他们精神矍铄，状态极佳。

马戏

马戏起源于夏、商时代，马戏图勾勒了当时马戏演出的场景：一前一后驰骋的骏马上各有一人。其中一人倒立于马背，双腿向后弯曲，另一人侧身横坐马脊，身躯后仰，长袖飘拂。

角抵戏

汉画中不乏力量的角逐，最常见的表演形式就是角抵戏。决斗场面较为激烈，人与人相搏、人与兽搏斗、兽与兽搏斗，紧张刺激，是百姓们喜闻乐见的演出。

如果要举办大型角抵戏演出，方圆几百里的观众便会早早赶来观摩。《汉书·武帝纪》曰：“（元封）三年春，作角抵戏，三百里内皆来观。”可见汉代角抵之风的盛行之势。

护墓

方相氏，是《周礼》记载的官名，为皇家“大丧”仪式服务。对于《周礼》的成书年代与编纂性质，学界多有争议，我们难以只根据《周礼·夏官·方相氏》的记载确切判断方相氏最早出现于何时。

方相氏俗名为“险道神（显道神）”“开路神”，是为葬礼队伍导夫先路的神祇，并在死者棺柩入土时清理周围的孤魂野鬼。方相氏“及墓入圹，以戈击四隅，殴方良”，“方良”即“魍魉”，或称“罔两”“罔象”，乃墓圹中躲藏着的魑魅鬼怪之物，方相氏具有强大的禳灾除疫的功能，在丧葬仪式中为灵柩开路辟邪、祛除恶秽。

方相氏源于原始的巫祝人员，《说文》释“巫”为“祝”也，“女能事无形以舞降神者也”，用咒语歌词或舞蹈动作与神沟通是巫的特殊本领。

方相氏“掌蒙熊皮，黄金四目，玄衣朱裳，执戈扬盾”，正是巫者的扮相，其装扮和行为都充满了以舞蹈动作通神、娱神的巫术意味。

方相氏通常是在屋内打鬼，《周礼·夏官·方相氏》

方相氏画像砖［三国·魏］

云："方相氏，狂夫四人"，说的是方相氏穿着黑色的上衣和红色的裙子，一手执戈，一手舞盾，率领百个左右的内奴，按时节打鬼。

《后汉书·礼仪志》记载，他们打鬼时会唱道："赫女躯，拉女干，节解女肉，抽女肺肠，女不急去，后者为粮。""女"指鬼怪，是方相氏的吓鬼词，他们狂夫般边唱边舞，大呼大叫，来回在屋里搜索鬼魂。

方相氏等画像石图像生动再现了室内驱鬼的情景。

竞技游戏

斗勇

汉画中记录了人与兽厮杀的画面：一男子袒胸露腹，短裤赤足，徒手与一怪兽搏斗。男子左手拽住怪兽头部，左腿抵住兽足，将怪兽按伏于地，怪兽瞠目龇牙，痛苦挣扎。汉画中也有人与人角逐摔跤的画面：角抵者虽穿袍系带，着装斯文，但两人眼神都杀气腾腾，摆好招牌动作，跃跃欲试。

此外，观看与操控动物相斗也成为一项娱乐活动，也就是斗禽。斗禽主要包括斗鸡、斗鸭、斗马、斗牛，动物之间通过血腥的相斗、角力、厮杀，直到分出高下甚至死生，过程和结局都较为残酷和惨烈。在一块斗鸡的画像砖中，可以看到：两只雄鸡正交颈相斗，高冠长袍的斗鸡人立于两侧，挥舞手臂发号施令。

蹴鞠

除了斗勇之外，也有很多以技巧和战术取胜的斗智游戏，如蹴鞠和射猎。蹴鞠是一种球类游戏，鞠是革制球体，内实以毛。有单人蹴鞠和多人蹴鞠两种方式，上自皇室贵族，下至平民百姓皆喜好。桓宽在《盐铁论》中说："康庄驰逐，穷巷蹴鞠。"

在阙画像石的蹴鞠画像中，有一幅作品生动形象：在画面中心位置，一人跃起，双臂舞动，呈现踢足球的样子。画面右侧一位观众坐于榻上，击鼓助兴；画面左侧一位观众拱手跪坐，凝神观赏。

射猎

汉代贵族所喜好的射猎，包括射箭与狩猎。在连绵的山峦前，一人头戴冠，左手牵猛犬，右手执长戟，追逐一只仓皇奔逃的小鹿。在不远处，猎手单腿跪地，挽弓瞄准迎面而来的奔鹿，这一切都被路过的骑者一览无余。

围棋

围棋，汉时亦称"弈"，是优雅的智力博弈。《艺文类聚》卷七六引《尹文子》中曰："以智力求者，喻如弈。弈进退、取与、攻劫、放舍，在我者也。"围棋犹如行军布阵，棋艺如同兵法，棋道与用兵之道相通，既不可过于胆怯按兵不前，又不可以横行无度招来速败，西汉刘向的《围棋赋》曰："略观围棋，法于用兵，怯者无功，贪者先亡。”

弹棋

出现于西汉后期、流行于东汉后期的弹棋游戏，是一种棋戏，由士大夫阶层研发而成，宫廷和士大夫群体对此情有独钟。彼时的踢球活动——蹴鞠，太消耗人的精力与体力，于是人们改良成下棋活动。弹棋的棋盘四周低平，中间凸起，形似小山包。底部为方形，顶部为圆形，象征着天圆地方。下棋时，为减少棋子与棋盘的摩擦力，棋盘上多会撒上滑石粉。

弹棋用箭击，或用手弹，胜利的标准是：弹开对方的棋子，将自己的棋子弹入对方的圆洞，先将六枚棋子全部弹入对方洞中者获胜。弹棋的玩法可总体概述为：开局前，讲究礼节，排兵布阵；对弈时，有勇有谋，讲究对战术的应用。对弈者要有强大的心理素质，对弈全程一波三折，险象丛生。

六博

六博，是指借助骰子以赌输赢的游戏，在棋局上以掷采决定下棋步数的博戏，是宫廷与民间常见的棋戏。

《仙人六博》画像砖图中描述了这样的情景：博具

仙人六博画像砖［东汉］

置于中央，两仙人跪坐于地，相对博弈，仙人头生双角，肩披羽饰，挥舞手臂，似在激烈地争论。

藏钩

藏钩游戏起源于汉代宫廷，一组人手中藏有特制的精巧玉钩（或其他小物件），另一组人猜测对方所藏何物，这种游戏常见于汉代宴席。

藏钩游戏后来升级为射覆游戏。射，即“猜”；覆，指以杯盘覆盖藏物之意。饮酒时，猜射覆盖之物以劝饮，这在汉武帝时尤为流行，汉代铜镜纹也因此增加了一款射覆纹的图样。

女神崇拜

汉画像石中的人物形象、寓言故事、神仙传说乃至星系云纹等都具有独特的代表意义。西王母由司天厉、五残的刑罚之神，转变成大地之神、庇佑之神、长生之神，是对“三从四德”“男尊女卑”“内外有别”等禁锢女性思想的挑战。

“东母”指东升的太阳，“西母”指西沉的太阳，是“西王母”的别称。西王母的原型是一位以虎豹为图腾形象的部落女首领，据《穆天子传》记载，周穆王出游走访西王母，是为了稳定边疆的政治。

东汉末年曾出现一次大规模祭祀西王母的活动，即汉哀帝建平四年（公元前 3 年）的“西王母诏筹”事件。这足以说明“西王母”在汉代民间信仰中的至尊地位。

被尊为心如日月、无事不知的“太上老君”—— 老子，神格亦低于西王母。西王母居于昆仑之阙的西荒之国，人们若想拜见她，则必须由老子作为中间人亲自授书放行。

汉画中，作为仙界代表的神兽、星象、西王母，

西王母画像砖［东汉］

位列仙尊，居于最高等级。作为圣贤代表的老子则居于中上等级，道教创立后，西王母有了诸如“西姥”“王母”“金母”“金母元君”等别称。西王母以长生不死的神格特点，走入崇仙的汉代社会。

同时，对西王母的尊重也意味着汉代女性地位得到了一定程度的提升。东汉时期，西王母是“阴”力量的代表，东王公则是“阳”的化身。东汉中期，伴随印度佛教的传入，力士、胡人、白象、莲花、佛像、羽翼等佛教题材的图像出现于汉画像石之上，西王母画像的头部除了有圆形光晕环绕，还出现了类似于佛像手印的特征。

从印度传入的佛教众神中，观音大士等女性形象的神祇最深入人心。观音救苦救难、送子赐福的形象，也为人们带来希望的曙光。

第六章

宫廷岁月

琼楼玉宇不胜寒

在固若金汤的城池内，在威严奢华的宫殿里，在恩恩怨怨的过往里，有讲不完的传奇。玄妙箫声中，亿万斯年前的飞短流长，洋溢在云里雾里的幻觉中……

“宫”是个会意字，甲骨文字形为几面围墙，内部的两个“口”像围墙内的若干房屋，“宫”的本义指有围墙的房屋，后泛指房屋。古代女主内，没有特殊情况，女主人都是待在家里的。“入于其宫，不见其妻，不祥也”（《周易·困卦》）。如果回到家，看不到家里的女主人，被认为是件不吉利的事情。可见“宫”字与女子之间根深蒂固的关联。

“宫”字后来专指帝王的皇宫、宫殿。“宫人早起笑相呼，不识阶前扫地夫”（王建《宫词》）。所谓“宫人”，就是宫殿中的宫女。

“宫”也指代公侯的“宗庙”——“公侯之宫”（《诗经·召南·采蘩》）

“宫”与“廷”是一个意思，都指君王上朝布政的地方。“廷，宫也”（《广雅疏证·释宫》）。王念孙疏证：“谓官舍也。”

战国以降，“宫”“廷”逐渐衍生为国家的政治会所。古代称王称帝的人，选择天下的正中来建立京畿，选择京畿的正中来建立宫廷，选择宫廷的正中来建立祖庙，如《吕氏春秋·慎势》曰：“古之王者，择天下之中而立国，择国之中而立宫，择宫之中而立庙。”宫廷上若没仗义执言的忠臣，国家就失去了章法。“廷无忠臣，国家昏乱”（《庄子·渔夫》）。

秦始皇时期，“宫廷”常指皇室成员的活动空间。在这个不为人知的神秘角落，每时每刻都在上演一段段或大或小的故事，若不是有一拨精明敏锐的刀笔吏，和一群耳聪目明且富有想象力的观者，深埋在宫廷大院中的那些精彩往事，定会随着时间的流逝消失殆尽。

舞蹈与音乐

宫廷舞

汉代最为浩大的娱乐项目要数宫廷舞。无论是重要的节日演出、祭祀仪式，还是平日闲暇娱乐，皇帝和贵族、士大夫都会品茶、聊天，欣赏宫廷舞。

一路走来，宫廷舞蹈颇受有身份地位的人群青睐——夏朝到西周，宫廷舞蹈初步形成，夏朝末期，宫中有“安乐”三万人。

《吕氏春秋·侈乐》载：“夏桀、殷纣作为侈乐，大鼓钟磬管箫之音，以钜为美，以众为观，俶诡殊瑰，耳所未尝闻，目所未尝见，务以相过，不用度量。”可见当时的奴隶主对乐舞的审美追求是奢华壮观，新奇瑰丽。

《拾遗记》中记录了商纣王的独门嗜好，他曾强迫著名音乐家师延“奏迷魂淫魄之曲，以欢修夜之娱”，此后“靡靡之乐”“北里之舞”成为“宫廷舞”的源头。

“雅乐舞”舞标志着中国宫廷舞的正式诞生，其主要内容是“六舞”（《六代舞》）和“小舞”（《六小舞》）。《六代舞》集中了从原始时代到周初，以歌颂某些杰出氏族领袖或氏族联盟首领为主题的乐舞。《六小舞》用于祭礼，是原始社会至周朝以来，最为流行的民间舞。西周初年，歌颂当朝大王的文德与武功的舞蹈，一直被尊称为“先王之乐”。

汉代舞蹈种类繁多，齐、楚、赵、燕、韩、魏、秦等诸侯国流传下不少特色舞蹈，高纵轻蹑、敏捷纵踏的《七盘舞》、优美柔曼的《长袖舞》、激越矫捷的《建鼓舞》，长巾在空中飘拂，变化成各式绸花，如云如烟，似梦似幻。

汉高祖刘邦建国初始，为了发展农业，建造灵星祠，祭祀农神。在祭祀时，会指定表演《灵星舞》——由男童跳的模拟农业劳动的舞蹈，动作包括翻地、播种、除草、收割、打场、收谷归仓等，是古代的“农作舞”。

汉代的宫廷舞不但包括纯娱乐的百戏中的舞蹈，也囊括了用于祭祀礼仪的舞蹈，如歌颂周武王的《大武》，歌颂汉高祖的《大风歌》。

乐府

舞蹈与音乐是莲生并蒂的一对，它们共同成就了宫廷艺术。汉武帝登基后，社会稳定、经济文化繁荣发展，他承袭秦制，重新设立乐府，并扩大乐府的职责和编制，收集、管理、创作、改编各种音乐，培养训练音乐人才。

李延年是汉代乐府的掌门人，西汉中山人。中山位于如今的河北定县一带，那时人多地少，土地贫瘠，人们闲来无事经常凑在一起游戏玩乐，男子放声高歌，女子则在旁边敲鼓弹琴，跳舞助兴。由于当地农业发展落后，居民多以歌者、舞姬等身份谋生。生活在这种环境下的李延年一家都是倡优乐工，李延年从小就善于歌唱和音乐创作。汉武帝非常欣赏李延年在音乐和舞蹈上的造诣，派其掌管汉乐府，掌二千石的官职，还常伴武帝左右，风光无两。

汉朝乐府主要掌管贵族音乐和平民音乐两部分。贵族音乐主要是指为国家的祭祀、宴会等活动创作的音乐，音乐的主题围绕歌功颂德，赞美皇帝的统治，传播皇帝的政治思想展开。乐府中记录了二百八十四首民歌，正因为乐府对这些民歌的收集和保存，时至今日，人们依然能够感受到西汉当年民间音乐的风情。

汉武帝曾派遣张骞数次出使西域，《古今乐录》中有这样的记载：张骞出使西域时，路过一个名为“兜勒”的小国家，当地人用横吹和号角演奏乐曲，雄壮沧桑。武帝就下令将这些曲子传往长安。李延年汲取了流传过来的胡乐精华，创作了二十八首全新的曲子，有凄婉爱情的江南小调，有振奋军队士气的西域横吹曲，还有歌颂汉朝制度的宫廷祭祀曲等。

祭祀音乐

古代祭祀是皇帝的头等大事，祭祀时不配乐显得过于单调，也不够气派，于是李延年为汉武帝创作了宫廷祭祀音乐《郊祀歌》组曲，其中有《天马》《齐房》《景星》等专门歌颂祥瑞之兆的五首歌曲，打破了以往在祭祀歌曲中只歌颂祖宗基业、感化平民的套路，迎合了汉武帝渴望升仙延寿的愿望。《礼乐志·象载瑜》中唱道："神所见，施祉福，登蓬莱，结无极。"这是对道教升仙的描述，是以往的祭祀歌曲从未有过的。

香熏

在宫廷中生活，不乏一些优雅的烧钱活动。其中，香熏是最为浓墨重彩的一笔。据记载，人文始祖轩辕黄帝已开始焚香——“列珪玉于兰蒲席上，燃沉榆之香，冲春杂宝为屑”（《拾遗记·轩辕黄帝》）。

不同身份的人焚香的种类也不同：上圣、天真皇人、黄帝，天皇氏、地皇氏、人皇氏等三皇各对应不同的香。“上圣焚百宝香，天真皇人焚千和香，黄帝以沉榆萁荚为香”（《天香传》）。

沉榆香

香中最为珍贵的是象征权势、身份、地位的沉榆香。在物质匮乏的时代，只有神明可享受这种至尊的供奉。宋朝香茗大家丁谓在其所著《天香传》中写道“香之为用，从上古矣。所以奉神明，可以达蠲洁”。

天下大治之世点燃馨香，感动神灵的不是黍稷的香气，而是发扬德行的诚意。“至治馨香，感于神明。黍稷非馨，明德惟馨”（《尚书》）。当盛放在盘盤和瓦登的祭品散发出缕缕香气时，神明便可以安然享用了，“其香始升，上帝居歆”（《毛诗》）。

沉光香

武帝元封年间，起造方山馆，以招引各种灵异。馆内焚烧神异香品驱鬼辟邪，诸如沉光香、祇精香、明庭香、涂魂香。

沉光香，是涂魂国（今也门共和国）进献的贡品，在黑暗中焚烧，能产生光亮，由于香性坚实，难切碎，故用铁杵舂成粉状，方便焚烧。

天仙椒

《敦煌新录》里记录了一种深藏在大山泽中的奇香——天仙椒。其生长于大湖之中，周围山石皆呈赭色，山中草木不生，唯独出产弹丸大小、香气能传播数里的椒，将此椒点燃，会有赭尔鸟从云间翩跹而至。赭尔鸟非普通鸟类，它们身披五色羽毛，是凤凰的同类。

汉武帝时，匈奴被逐走后，得到此椒，只有东方朔知道它的来头，他向武帝解释说：“此乃天仙椒，塞外千里之地有此椒，能招引凤凰。”汉武帝派人将其种植在太液池，几十年后，椒才生长出果实。

辟寒香

辟寒香产自丹国（现吉兰丹，马来西亚的一个州），是汉武帝时进贡之物。每到大寒时节，焚烧此香，能迅速驱除寒冷，让室内温暖如春。

香具

香盛是保存香料的器物，香箸或香匙用来取香，香壶存香。香炉也可称“熏炉”，香熏有两种类型的香料：一种是点燃香料，装于香鼎、香炉、熏室中；另一种是自然挥发芬芳的不燃香料。

炉，始见于《事物纪原·卷八》，“凡寝中共炉炭，则炉乃三代之制”。香炉之中，曝光率最高的当数博山炉，这种汉代最具代表性的熏炉由炉盘、炉盖和炉座三部分构成，炉的座下还有承盘。博山炉高低不一，高如竹节，矮如用来盛装黍稷的豆形矮柱，以偶数排列放置。

后宫女性的教育

提到宫廷就不能不提“后宫”。朝廷之外，后宫之内，有一批默默操持当朝者的衣、食、住、行且大门不出、二门不迈的女性。她们深谙后宫之道，谨记“德行”与“使命”，抓住不可多得的机遇，发挥与生俱来的机灵劲儿，义无反顾地走上后宫——这座斑痕可见、颤颤巍巍的独木桥。

东汉明帝马后、和帝邓后、顺帝梁后，皆因“德冠后庭”而冠以“母仪天下”之名誉，被赞为辅国佐君的优秀女子。

贵族女子在出嫁前要接受中规中矩的“四德”教育，包括：妇德、妇言、妇容、妇功。女子通过对“四德”的系统学习，掌握了处事之道和侍奉他人的方法，以便日后生活所用。

妇德

蓝鼎元在《女学》中解释了对“妇德”的具体规定，身为妻妇，事夫、事舅姑（公婆）要恭顺柔和。身为妻子，要为丈夫祖业香火考虑，愉悦地帮丈夫纳妾；身为母亲，要教子以礼节，如为继母要“慈爱前子”；与家庭的每个成员相处，都要以和为贵。要守得住贫寒，耐得住恭俭。

妇言与妇容

“妇言”不是聒噪不停地絮叨，而是恰如其分、审时度势地发言，不要逞口舌之快，自视聪慧过人，言语轻慢，祸从口出。如勉励丈夫、教训孩子要委婉劝谏、明志守礼，三思而后行，小心翼翼。

什么是“妇容”呢？妇女要保持质朴，不施雕琢，端庄娴雅。至于“妇工”，那更是古代女性们无法逃避的噩梦，她们要马不停蹄地纺纱、织布、缝纫、刺绣、洗衣做饭，要兢兢业业地奉养公婆、丈夫，生养孩子，在重大节日，还要准备祭祀的用品并协助祭祀。《汉书·食货志》中说，古代妇女昼作夜集，工作量大，任务重，加班加点，折算成八小时工作制，她们每月相当于工作了四十五个工作日。

西汉刘向撰著的《列女传》是汉代宫廷女性的第一部教科书，书中汇集了西汉以来一百零七位最具代表性的女性。他将这些女性分为母仪、贤明、仁智、贞顺、节义、通辩、孽嬖七类。刘向本意并非为女子而著，而是想从高屋建瓴的角度劝诫天子崇德抑色。“德行”成了刘向看重的审美标准，具备“女德”之人可辅佐皇帝建功立业，毕竟后宫也有一批卧虎藏龙的大人物，尤其在外戚参与的情况下，更需要有德行高尚的女主人，因此《列女传》成为妃嫔们的枕边书，邓太后更是将其视为座右铭般宣扬，“尝以列女图置于左右以自监戒”。

《女诫》

相比男性撰写的《列女传》，东汉班昭的作品《女诫》就稍接地气，该书被后世视为女性教科书之鼻祖，班昭本人亦因此而荣膺“女圣人”的称号。

《女诫》分为卑弱、夫妇、敬慎、妇行、专心、曲从、叔妹，共七篇，是从女性角度出发对“男尊女卑”思想的深入理解，更适合中等知识水平的女性阅读，因此，也少了些士大夫纸上谈兵高大上的口号，多了些鲜活的生活内质。《女诫》一改女子可凭借天生丽质或口齿伶俐取悦于男子的观点，认为女性只要守住恭敬有礼、清洁自持、勤劳务实的本分就算合格，不要整天嬉笑怒骂扯闲篇儿，也无须举手投足都追求完美，面面俱到。

> 夫云妇德，不必才明绝异也；妇言，不必辩口利辞也；妇容，不必颜色美丽也；妇功，不必工巧过人也。幽闲贞静，守节整齐，行己有耻，动静有法，

是谓妇德。择词而说，不道恶语，时然后言，不厌于人，是谓妇言。盥浣尘秽，休沐以时，身不垢辱是谓妇容。专心纺绩，不好戏笑，洁齐酒食，以奉宾客，是谓妇功。此四者，女人之大节，而不可乏之者也。

走过春秋战国诸侯国争霸的动荡不安，又经过秦始皇上台后的一番改革，到了汉代，社会的经济基础和人们的精神面貌都显著提升。汉代宫廷女性的素养均普遍高于之前朝代的女子，诸如成帝许后、章帝阎后、和帝邓后等廷中杰出的女性代表，皆出身名门，是名副其实的书香门第，懂诗书和礼仪风范。汉代宫廷中专门设有教后妃、公主、宫女读书的女官，又称“学事史”。

女博士

和熹皇后邓绥从小酷爱读书，祖辈为政清廉，惠泽子孙，其祖邓禹，官拜太傅，其父邓训官拜护羌校尉。在祖辈浓厚的文化熏陶下，邓绥耳濡目染，受益匪浅，六岁时即能背诵《史籀篇》，十二岁即通晓《诗经》《论语》，邓绥勤思好学，常跟兄弟们讨论经传中一些有争议的难题。

不按世俗传统出牌的邓绥，常惹得母亲不满，母亲竖起黄牌警告道：“女孩子不学针线活，难道还想当博士吗？”邓绥意志坚定，不敢正面忤逆母亲的观点，只能采取委婉的方式捍卫自己的权利，她坚持白天学习针线，晚上攻读经传。自此，家里的人戏称她为“女博士”。父亲很看好这个资质聪颖又勤奋好学的女儿，有意培养其成才。

邓绥不负众望，十六岁被选入宫，在宫中进修经书、天文、数学。后来成为太后，日理万机，白天处理政事，夜里仍坚持不懈地刻苦读书。

邓太后深知末世贵戚食禄之家穿罗绮、食山珍、乘好车、骑大马、不学无术。她更加明白，不明是非且不重视对子女的教育，最终将导致家道衰落。因此，她大兴教育事业，在安帝元初六年（公元 119 年）办宫邸学，下诏令汉和帝之弟济北王、河间王家中年龄虚五岁以上子女共四十余人以及邓氏近亲子孙三十余人来到邸第学习经书，邓太后亲自督促。

宫中也出现了读书热潮，“左右习诵，朝夕济济”。邓太后临朝十年间，水旱相连，四夷外侵。每闻人饥，太后便通宵不寝。她从自身做起，减省宫中供奉，以解灾救难，因此天下很快再现太平、丰收的景象。

邓太后也是一位名副其实的古文献爱好者，她曾派专人整理典籍。“诏（刘珍）使与校，刘驹駼、马融及五经博士，校订东观五经、诸子、传记、百家艺术，整齐脱误，是正文字。”

后宫的巫术

巫术又名为左道，即偏邪、不正之道。《增韵·哿韵》中说，“左，人道尚右，以右为尊，故非正之术曰左道”，“左道，若巫盗及俗禁”，“右贤左愚、右贵左贱”（《礼记正义·王制第五》）。

邪道指假托神怪、迷信、天象、方术蛊惑人心的行为，犯此罪，按律皆处死刑。

巫蛊

“蛊”指腹内中虫食之毒。《说文解字注》中曰：“蛊，腹中虫也。”段玉裁注：“腹中虫者，谓腹内中虫食之毒也。”

“蛊”又可为人工培养的毒虫，如《本草纲目·虫之四》曰：“古人愚质，造蛊图富，皆取百虫入瓮中，经年开之，必有一虫尽食诸虫，即此名为蛊。”

“蛊”还可指陈谷所生之虫，如《左传·昭公元年》中曰：“谷之飞，亦为蛊。”孔颖达注：“谷久积则变为飞虫，名曰蛊。”

巫蛊，是以民间礼俗迷信作为基础，加害于人身的一种巫术形式。汉代常见的实施方案是：用桐木偶人代替诅咒的对象，通过针刺、埋葬等方法折磨偶人，同时行祭祀、祝诅，助法力。

江充曾亲历过现实版的“巫蛊”案件，掘地三尺挖出偶人，捕捉到作案者，并目睹了“鬼神”，江充叫人烧铁钳灼之将其制服。后来，结案时定罪“巫蛊”，受此案牵连而死者竟达数万人，可见汉代官宦对巫蛊术深恶痛绝的程度。

“巫，祝也；蛊，厌也，惑也；谓使巫祠祭、祝诅、厌魅以惑人也”（《资治通鉴注·汉纪十四》）。孔颖达认为“皿虫”是蛊食器皿，巫行邪术，损坏于人。汉代后宫中的武帝陈皇后、武帝卫皇后、和帝阴皇后、和帝幸人吉成，皆因巫蛊而被定罪。

媚术

除了巫蛊之术外，媚术也是一种巫术，“媚”最初指喜爱之情。《诗经·大雅》毛传曰：“媚，爱也。”

“蔼蔼王多吉士，维君子使，媚于天子。蔼蔼王多吉人……维君子命，媚于庶人”（《诗经·大雅·生民什之》）。一入宫门深似海，宫女们想要在佳丽如云的后宫出人头地根本不是一件轻松的事儿，情急之下，她们不得不想些“野路子”，于是媚术应运而生。

巫师们强调“人”的力量，他们认为通过人的主观的法力可以影响天道人事，画符和诅咒是媚术的表现方式，常见的有促姻缘的“和合咒”，以及为女子挽回恋人的“猎哥神咒符”。当事人只要把巫师所画的符咒放在恋人身上，或焚后让其服用，对方就能和好如初。

祝诅

“祝”在甲骨文中是人跪于神前祷告之形，本是祭祀神灵的意思。“祝诅”还有盟誓的含义——

《周礼注疏删翼·卷十五》载：“郑玄注：‘盟诅，主于要誓，大事曰盟，小事曰诅。’贾公彦疏：‘盟者，盟将来；诅者，诅往过。’”

“祝诅”，求神鬼加祸于人，是人们排解怨气的一种极端方式。《尚书·无逸》中说：“民否则厥口违怨，否则厥心诅祝。”施展巫术的人要通过一系列的仪式，譬如，用特定的语言与神灵沟通，祷告神灵当事人遭遇的不公，以期与神灵达成共识，求得神灵出手相助。

宫怨

《自悼赋》

汉代著名的宫廷女诗人首推班婕妤。《自悼赋》描写了班婕妤从得宠到失宠的情感变迁，《捣素赋》借洗衣女子之口表达了对美好爱情的向往。“男主外，女主内”的分工模式，使大多数宫廷女性囿于深宫的条条框框中，能冲破这种局限，在其他领域大显身手体现人生价值的女性凤毛麟角。她们将对情感的渴望、对命运的反思诉诸笔端，写就一些诗作，这些作品更像是日记，真实地见证了她们内心的悲欢起伏。

班婕妤的五言诗《怨诗一首》，又名《班婕妤怨歌行》，开辟了中国宫怨诗的先河，对后世影响很大。全文如下：

> 新裂齐纨素，鲜洁如霜雪。裁为合欢扇，团团似明月。出入君怀袖，动摇微风发。常恐秋节至，凉风夺炎热。弃捐箧笥中，恩情中道绝。

大意是说自己就像盛夏时的团扇，以姿容得宠一时，秋凉便被搁置起来，无人问津，以“秋扇见捐”拟作女子被弃的遭遇和命运。作为特定时代下弱势群体的女性，遭遇悲惨的命运已是司空见惯的事实。《班婕妤怨歌行》开创了一种“闺怨”风格，纷纷有诗人效法，自陈心曲。曹植、梁简文帝、江淹、沈约、庾信、虞世南、傅玄都有诸如此类的作品被收录于《玉台新咏》中。

“团扇”“秋月”等意象在作品中频繁出现，成为被弃女性的代名词。初入宫时，战战兢兢、受宠若惊，得到皇帝宠幸时的激动，失宠后的凄苦，“思慕”与“隐忧”之情并现于眼前。昔日的天伦之乐，到如今，徒剩咫尺天涯的孤寂。

班婕妤在这篇《自悼赋》中回忆了她一生的时光：

承祖考之遗德兮，何性命之淑灵。登薄躯于宫阙兮，充下陈于后庭。蒙圣皇之渥惠兮，当日月之盛明。扬光烈之翕赫兮，奉隆宠于增城。既过幸于非位兮，窃庶几乎嘉时。

效法先祖和父辈的美德，始终抱有美好的道德修养。地位微贱，却有幸入宫，荣列后宫嫔妃的阵容中。承蒙浩荡皇恩，日月昌明。家族荣耀，受宠皇恩。恩遇非常，毕生荣光。

> 每寤寐而垒息兮，申佩离以自思。陈女图以镜监兮，顾女史而问诗。悲晨妇之作戒兮，哀褒阎之

为邮。美皇英之女虞兮，荣任姒之母周。虽愚陋其靡及兮，敢舍心而忘兹。

在美女如云的后宫佳丽中生存，即使在梦中都是高度紧张而不安的状态，端详宫里陈列的美女画像，比量着自己的容貌不免有些自卑，向身边的女侍请教问题时，生怕一不小心留下把柄。学习前车之鉴，谨防褒姒、阎妻干政犯下的过失。以舜妃娥皇女英、周文王母亲太任、周武王母亲太姒为楷模。为自己的愚昧丑陋深感惭愧，因此也对圣皇的恩宠感恩戴德。

历年岁而悼惧兮，闵蕃华之不滋。痛阳禄与柘馆兮，仍襁褓而离灾。岂妾人之殃咎兮，将天命之不可求。

多年来一直恐惧不安，青春年华不能永持。想起在阳禄、柘馆两处馆舍待产生子，但孩子都不幸夭折的往事，不禁悲从中来。这些灾祸难道都怪我吗？一切非我愿力，只是宿命安排。

白日忽已移光兮，遂日晻莫而昧幽。犹被覆载之厚德兮，不废捐于罪邮。奉共养于东宫兮，讬长信之末流。共洒扫于帷幄兮，永终死以为期。愿归骨于山足兮，依松柏之余休。

她们在四季流转中谛听人世，当太阳的光芒散尽，黄昏来临，诗人遭弃，依旧不敢怨恨，依然心存感恩。

她留守东宫皇太后身边日日侍奉，自请托付在长信宫宫女的末排。与宫女一道天天洒扫天子的寝室，只愿死后尸骨埋葬于山脚，坟墓依傍在苍翠的松柏下，这便是自己最好的归宿。

《捣素赋》

《捣素赋》描写的也是宫廷中女性的悲情。捣素，指将白色生绢一类的衣料用木棒捶打柔软后，再裁剪缝制。

> 测平分以知岁，酌玉衡之初临。见禽华以麃色，听霜鹤之传音。伫风轩而结睇，对愁云之浮沉。虽松梧之贞脆，岂荣雕其异心。

面对这样单调、乏味的差事，捣素的女子每天都清算光阴的周转时速，酌量北斗星的位置。笼里禽鸟羽毛美艳，霜天长空传来秋雁鸣叫。迎着秋风，在凭栏处久久观看，秋云飘浮沉落，秋日里，松树坚贞而繁茂，梧桐柔弱近凋敝，但它们的向往是一样的。

> 若乃广储悬月，晖水流清，桂露朝满，凉衿夕轻。燕姜含兰而未吐，赵女抽簧而绝声。改容饰而相命，卷霜帛而下庭。曳罗裙之绮靡，振珠佩之精明。

广阔秋夜里，高高的明月下，月色清如流水，夜半的凉风吹来，衣单身寒。天气倏然变冷，并不影响君主的游乐，宫内一切照常：来自燕地的歌女吟唱起美妙的歌声，来自赵地的艺伎吹奏起绝妙的乐曲。宫女化妆打扮，褪去素衣裙，曳动华丽的罗裙，珠光玉佩摇曳生辉。

> 若乃盼睐生姿，动容多制，弱态含羞，妖风靡丽。皎若明魄之生崖，焕若荷华之昭晰；调铅无以玉其貌，凝朱不能异其唇；胜云霞之迩日，似桃李之向春。红黛相媚，绮徂流光，笑笑移妍，步步生芳。两靥如点，双眉如张。颓肌柔液，音性闲良。

她们左顾右盼，举止仪容各显风采，姿态柔软，面带羞色，尽显妖娆的风韵。皎美的明月升上了山崖，如骄阳下盛开的荷花。那些美人啊，不擦香粉依然貌如美玉，不抹口红依旧活色生香；化过妆后，更胜过伴随旭日东升的五彩云霞，又好似明媚阳光下娇艳欲滴的桃李之花。红唇与黑眉相应，丝织的腰带溢彩流光。一阵阵笑声传送着美妙的音色，一行行莲步飘洒出宜人的芳香。两个酒窝好似精心点就，一双蛾眉满含万千情绪。滑润的肌肤流下晶莹的汗珠，音容和性情均娴雅美好。

> 于是投香杵，扣玟砧，择鸾声，争凤音。梧因虚而调远，柱由贞而响沉。散繁轻而浮捷，节疏亮而清深。含笙总筑，比玉兼金；不埙不篪，匪瑟匪琴。或旅环而舒郁，或相参而不杂，或将往而中还，或已离而复合。翔鸿为之徘徊，落英为之飒沓。调非常律，声无定本。任落手之参差，从风飙之远近。

或连跃而更投，或暂舒而长卷。清寡鸾之命群，哀离鹤之归晚。苟是时也，钟期改听，伯牙驰琴，桑间绝响，濮上传音；萧史编管以拟吹，周王调笙以象吟。

姑娘们舞起捣衣的木棒，敲打捣衣石的声音，恰似鸾鸟的叫声，赛过凤凰的哀鸣。桐木乐器曲调幽远，支弦声音低沉。捣衣声轻巧疾速地漂浮回荡，节拍清亮又饱含凄冷的深情，时而像笙的独奏、时而似筝的合弹，又宛如金玉乐器在鸣奏佳音；既不是陶制的吹奏乐器，也不是竹制的箫笛，更不是拨弦乐器或抚弹瑶琴；时而回转荡漾一波三折，时而相互交汇有条不紊，时而将要离去又中途回还，时而别离又再次会聚。飞翔的鸿雁闻之徘徊不去，盛开的鲜花闻之纷纷飘落。空穴传音，曲调非比寻常。任凭起落的木棒长短不齐，秋风急缓有序，像离群的孤鸾凄凉地哀叫，又像夜归的离鹤忧伤地悲鸣。

此情此景，钟子期定会改弦不闻，俞伯牙也要弃琴不弹，桑间的情歌无人再唱，濮上的情诗也会引转。箫史忙着编管摹拟吹奏，周王匆匆调笙模仿其声。

若乃窈窕姝妙之年，幽闲贞专之性，符皎日之心，甘首疾之病，歌采绿之章，发东山之咏。望明月而抚心，对秋风而掩镜。阅绞练之初成，择玄黄之妙匹，准华裁于昔时，疑异形于今日；想娇奢之或至，许椒兰之多术，熏陋制止之无韵，虑蛾眉之为魄。怀百忧之盈抱，空千里兮吟泪。侈长袖于妍袄，缀半月于兰襟。表纤手于微缝，庶见迹而知心。计修路之遐敻，怨芳菲之易泄。书既封而重题，笥已缄而更结。渐行客而无言，还空房而掩咽。

谈及宫女们如花似玉的年华，品性典雅高洁、淳朴专一，期盼夫妻比翼偕老。为不幸患病的丈夫奔劳，以减轻其苦痛，日日吟唱思夫之歌《采绿》和怀想之曲《东山》。仰望明月，手捂心胸。秋风起时，不忍憔悴，掩镜妆容。翻看成束的新丝绸时，挑选了几匹黑黄色衣料，想按旧时尺寸裁剪，又怕不合身。每天幻想着娇奢的主人能够到来，用花椒和兰草精心布置闺房，熏香的老办法已无法重现昔日的风韵，看着镜中的画眉连自己也感到羞愧。心中忧愁顾虑，思念远方亲人，蓦自落泪。日渐消瘦的身躯裹在肥大的衣衫里，前襟上点缀半个月亮遮掩。故意掩饰身形轻系腰带，细节处用心良苦，虽来日方长，但年华易老。像极了那些背井离乡的官员，不知多少次想辞官还乡，辞职信写了又犹豫是否提交，心事不愿向路过的熟人提及，只能躲到静室独自掩面抽泣。

第七章

豪族权势

荣华云起云落时

豪族又称为“豪富”“富人”“兼并之家”“豪强”“高赀”，他们拥有大量的土地和财富。土地、货币、童仆、宾客是彰显豪族身份地位的关键词。他们要么拥有财富、物资，要么坐拥田晌若干顷，舆马仆隶之多堪比邦君。

唐代诗人聂夷中写过一首关于豪门生活的小诗，再现了飞扬跋扈的豪族们的日常——

汉代多豪族，恩深益骄逸。走马踏杀人，街吏不敢诘。

红楼宴青春，数里望云蔚。金缸焰胜昼，不畏落晖疾。

美人尽如月，南威莫能匹。芙蓉自天来，不向水中出。

飞琼奏云和，碧箫吹凤质。唯恨鲁阳死，无人驻白日。

诗中说，这些人出身豪族，骄纵不法，横冲直撞，撞死了路人，就连官吏也不敢询问。平日里在豪华的宴会上玩乐，白天一过，快乐未央，华丽的油灯又撑起了他们的夜生活，陪伴在他们左右的女子妖娆多姿、绝世无双。多种乐器一起演奏，呈现出富贵子弟穷奢极欲的宴饮场面。有一位名叫“飞琼”的女子在奏乐，美姬吹奏的玉箫声如凤鸣般悦耳。快乐的时光过得飞快，公子们还觉得自己行乐得太迟了，他们害怕人生太短了，来不及尽兴。不禁感叹，要是有能锁住时间的鲁阳在就好了。《淮南子·览冥训》记载：鲁阳公和韩国作战正酣时，太阳将要落山了，鲁阳挥戈拨阳，太阳退回三舍（一舍：三十里），继续升起。

豪族的兴起，离不开特定时代的“成全”。汉武帝的爷爷和父亲，联袂打造了历史上著名盛世“文景之治”。经过几十年的努力，大汉帝国的腰包逐渐鼓了起来。国库里钱币多得用不完，终于有底气与匈奴掰掰手腕了。凭借多年攒下的积蓄，汉武帝发动了反击匈奴之战。没想到的是，战争太费钱，战役断断续续打了四十四年，国库的钱如流水般花出去，很快就不够用了，只能向百姓收取。于是，统治者不断加大税收，百姓们承担不起，只好抛家舍业流亡外地，还有一批百姓舍弃了土地和户口，投奔到地方豪族的门下寻求保护。

豪族来源有三：一是战国时期贵族的后代；二是大商人；三是各地的大侠、豪强。

大批百姓为了避税，逃到了豪族那里，朝廷只好向还没有逃走的百姓征更多的税，这些百姓遂也去投奔豪族，豪族麾下的人口越来越多，朝廷掌握的人口越来越少，豪族越来越强。

朝廷本打算找官僚协助对付豪族，竟发现官僚们更喜欢跟豪族合作。豪族仗着强大的后台，风光无限了一千年，在这漫长的千年岁月里，豪族势力形成了成熟的社会体系，一直到唐宋的转折期，豪族社会才戛然而止。

豪族的起源

“豪族”，起于战国，兴于汉武帝时。豪族要么是被分封了土地的官员，要么是拥有军功和爵位头衔的将帅，抑或是富甲一方的商人。他们宗族强大，武断乡曲，兼并土地，役使贫民，恃强凌弱。西汉用酷吏、设刺史，直接打击不法豪族，但抑制豪族势力发展的最有效的办法，还是实行“徙陵”制度。关东“邑里无营利之家，野泽无兼并之民”，西汉“世世徙吏二千石、高訾富人及豪桀并兼之家于诸陵”，限制豪族势力的发展壮大。

豪族在自己的田庄中不仅经营农业，还兼营林、牧、渔、工、商、假贷等副业，因而相当富有。

> 能治田殖，至三百顷，广起庐舍，高楼连阁，波陂灌注，竹木成林，六畜放牧，鱼赢梨果，檀棘桑麻，闭门成市，兵弩器械，赀至百万，其兴工造作，为无穷之功，巧不可言，富拟封君。《水经注·比水》

例如东汉樊氏一族从宅阳迁居到湖阳，拥有三百多顷耕种农田，房屋、高楼罗列，园中湖池可灌溉草木、庄稼，竹木成林，六畜兴旺，鱼蚌梨果、檀枣桑麻无所不有，就算不与外界联系、与世隔绝，也能自给自足。能制作兵器、弓箭，总资产可达百余万。大笔钱消耗在建筑房屋和制造工艺上，巧夺天工的艺术品无穷无尽，财富相当于刚登基的君主。

> 使名姓之后，能知四时之生，牺牲之物，玉帛之类，采服之仪，彝器之量，次主之度，屏摄之位，坛场之所，上下之神，民姓之出，而心率旧典者为之宗。（《国语》）

豪族，是秦汉时代的“大姓”、“著姓”。从大姓家族的后代中，找出能懂得四季万物的生长规律、祭祀用的牲畜种类、玉帛的类别、采服的穿戴礼仪、祭器的数量、尊卑的先后顺序、祭祀的位置、设坛的处所、上上下下的神灵、姓氏的出处，而且能遵循旧法的人，让他们担任宗伯。

宗

宗，是大族的后人。宗法有曰：“别子为祖，继别为宗，继祢者为小宗。有百世不迁之宗，有五世则迁之宗。”（《礼记·大传》）别子，指天子、诸侯的嫡长子以外的儿子。继承别子的嫡长子是大宗，继承别子之庶子的是小宗。有百世不迁之宗，即大宗；有五世则迁之宗，即小宗。

宗，主要肩任祭祀、宴饮、扶养、教导、主持等职责。族，是一个集合体，保证本家族的兴旺和祭祀香火的延续，嫡长子为“大宗”，余下的子嗣为“小宗”，大宗是小宗的首领有分封权。小宗为了祭祖、受封向大宗靠拢，整个宗族的成员汇聚一起，也就是“收族”，“大宗者尊之统也，收族者也”（《通典·礼五十六》）。

族者，何也？族者，凑也，聚也。谓恩爱相流凑也。上凑高祖，下至玄孙，一家有吉，百家聚之，合而为亲，生相亲爱，死相哀痛，有会聚之道，故谓之族。（《白虎通德论·宗族》）

一群人聚集在一个集体中，彼此互相往来、关照、和谐共处，上至人君，下至庶民，一家有喜事，便以此为契机欢聚一堂，或是谁家有丧事，同舟共济、偕同宽慰，这便是“族”的核心价值和意义所在。

豪族“亦比千乘之家”，“家累数千万”，如遇饥馑荒年，郡国仓廪不足以赈贫，国家就以借贷的方式向豪族寻求支援，秦汉豪族多为六国的遗族，大吏的子孙也会变成豪族。

豪宅

豪族们的日子到底有多“豪”？皇公贵胄、富商大贾们恣意享受着奢华之乐——

> 豪人之室，连栋数百，膏田满野，奴婢千群，徒附万计，船车贾贩，周于四方；废居积贮，满于都城，琦赂宝货，巨室不能容；马牛羊豕，山谷不能受。妖童美妾，填平绮室；倡讴伎乐，列乎深堂，宾客待见而不敢去，车骑交错而不敢进。三牲之肉，臭而不可食；清醇之酎，败而不可饮。（《后汉书·仲长统传》）

富人的豪宅层层叠叠，田地广阔而肥沃，拥有大批的仆人与农人；车船钱庄，布满全国；珍奇异宝，比比皆是，硕大别墅都装不下了；牲畜品种多、数量大，遍及田野与山谷；可爱娃娃和美丽妻妾，生活在绮丽的华屋；歌舞乐队，从前庭一直排列到了深宅。等候召见的宾客幕僚，车骑交错，拥挤于门前，既不敢轻易离开，又不敢贸然进去。朱门酒肉臭，清醇的美酒也因喝不完而变质。《盐铁论·散不足》中记载：

> 宫室奢侈，林木之蠹也。器械雕琢，财用之蠹也。衣服靡丽，布帛之蠹也。狗马食人之食，五谷之蠹也。口腹从恣，鱼肉之蠹也。用费不节，府库之蠹也。漏积不禁，田野之蠹也。丧祭无度，伤生之蠹也。堕成变故伤功，工商上通伤农。故一杯棬用百人之力，一屏风就万人之功，其为害亦多矣。目修于五色，耳营于五音，体极轻薄，口极甘脆。功积于无用，财尽于不急，口腹不可为多。故国病

聚不足即政急，人病聚不足则身危。

豪贵们奢靡浪费，似蛀虫般泛滥无度：他们为了得到物资无所不用其巧，得到后却不爱惜，他们衣着华贵却弃之如敝屣，他们饲养的牲畜糟蹋着本该人吃的食物，他们肥吃海喝，放纵恣肆。这些人暴殄天物，如蛀虫侵蚀粮食般无耻。丧葬祭祀挥霍无度，如蛀虫啃食活人般残忍。他们任意毁坏成规，变更旧法，损害功业。工商业出身的人秉持大权，稍有偏颇就会阻碍农业发展，他们大力发展商业，用上百名工人加工杯子、盘子，消耗上万劳动力制作屏风，随之引发出一系列社会问题。他们沉溺于索求无度的物质世界，贪恋音乐之欢，衣着之华美，饮食之精细。他们沉迷声色，不理朝政，导致国家经济衰败。如此下去，可就要招致杀身之祸了。

豪族们的私家园林

《说文解字》中对“园”的解释为“所以树果木也”“禽兽曰囿”。“园林”本是先民为满足口腹之欲圈地用以养殖的空地。汉武帝时期，大批坐拥百万乃至千万家产的富商迁徙到长安城及其周围，他们买入田地，购入山泽，以皇家贵族豪奢的苑囿为版本，建造自己的园林，地主豪强侵占田产，外戚贵族广布园田。

项羽曾火烧咸阳城，西汉王朝刚建立时，在战乱过后的一片焦土上，修建了“长乐宫”“未央宫”“明光宫”“甘泉宫”等宫殿，开辟了园林建造的风潮。

汉初“反秦之敝，与民休息”的治国策略，使汉代生产很快得到恢复，七十年的“文景之治”河山大好，大地主、大商人、大富豪应运而生，他们过着“男不耕耘，女不蚕织，衣必文采，食必粱肉”“乘肥策坚，履丝曳缟”的奢靡生活，与普通下层民众“衣牛马之衣，食犬彘之食”“卖田宅，鬻子孙”的生活形成强烈反差。

富商袁广汉的园林

武帝时，茂陵富商袁广汉是中国历史上第一位修建私家园林的人。《西京杂记》中说，袁广汉仅家童就有八九百人，修建园林根本不是啥问题，他的私家园林里，假山高十余丈，连延数里，有不少稀奇罕见的飞禽走兽：白鹦鹉、紫鸳鸯、牦牛、青兕等。累了还能在小岛上散步，观海上波涛。

袁广汉的生活奢华无比，以至于令堂堂帝王坐立不安。为了避免夜长梦多，武帝找了个理由，将袁广汉送进了监狱，把袁广汉贵重的私有物品挪到了上林苑，可谓是鸟兽草木依然在，昔日主人断头台。

外交家张骞的苜蓿园

张骞是西汉卓越的探险家、旅行家与外交家，曾凿通西汉通往西域的南北道路，并从西域诸国引进了汗血马、葡萄、苜蓿、石榴、胡麻、芝麻与鸵鸟蛋，为丝绸之路的开辟奠定了基础。

关于张骞的苜蓿园，《述异志》中说：“张骞苜蓿园今在洛中，苜蓿乃胡中菜也，张骞始于西戎得之。”可见张骞的这座私家园林，准确地说应当称为“种植园”，相当于一块私人的植物种植试验地。

梁孝王刘武的梁园

梁孝王刘武，是孝文皇帝的儿子。孝文帝共有四个儿子：长子即太子，就是孝景帝；次子名武；三子名参；四子名胜。孝文帝即位的第二年，封刘武为代王。刘武有数不清的银子用来消费，因此建造了纵横三百多里的东苑，后经不断升级改造，长达七十里，光是架空通道就三十多里。

天子赏赐旌旗，外出随从千乘万马。出宫要清路断绝行人，入宫要严加警戒防守。招揽四方的豪杰，对于手下技艺出众的谋士，梁孝王也是一掷千金，公孙诡善于出奇谋邪计，初次拜见梁孝王，梁孝王便赐给他一千斤黄金，官职做到中尉，梁国号称他为公孙将军。

梁国制造的兵器，弩弓、戈矛达几十万件，府库的金钱将近一百万，珠玉、宝器比京师还多。梁孝王生前财产以亿万计算，死后，不算其他财务，单单府库剩余的黄金就有四十多万斤。

梁孝王的私家花园叫“曜华宫”。《西京杂记》卷二记载——

梁孝王好宫室苑囿之乐，作曜华之宫，筑兔园，园中百灵山，山有肤寸石、落猿岩、栖龙岫。又有雁池，池间有鹤洲凫渚。其诸宫观相连，延亘数十里，奇果异树瑰禽怪兽毕备。

曜华宫“方三百余里，广服睢城七十里”，又有“宫观相连，延亘数十里”的豪华建筑，气派程度堪比皇家花园。

梁冀的“皇家”园林

梁冀出身于世家大族，先祖曾协助汉光武帝刘秀建立东汉，其妹为汉顺帝皇后。141 年梁冀代父亲成为大将军。

梁冀长相奇特：肩膀高耸如鹰翅，眼睛倒竖似狼，常睡眼惺忪。他不爱读书，不学无术，更没有巧舌如簧的语言表达能力，连话都说不清楚，可梁冀有自己独特的优势，那就是皇亲国戚。

公元 144 年，汉顺帝去世了，两岁的太子刘炳继位为冲帝，梁皇后升级为梁太后代为执政，国家的大权也就落到了大将军梁冀的手里。

这回梁冀可以彻底放开了，老爹已去世，执政的姐姐也任由自己摆布。

就在梁冀撒欢折腾时，汉冲帝病了，为了保证自己能继续欢乐下去，梁冀开始在年龄小的王子中寻找接班人，年仅八岁的汉章帝的玄孙刘缵被迎到洛阳成为候选新君。

有一次上朝，汉质帝当廷对大臣介绍梁冀道：“他是个跋扈将军！”梁冀差人毒杀了这个童言无忌的小皇帝，另让十五岁的汉桓帝继位。

专横跋扈的梁冀在洛阳修建了私家园林，《后汉书·梁统列传》中云——

> （冀）又广开园囿，采土筑山，十里九坂，以像二崤，深林绝涧，有若自然，奇禽驯兽，飞走其间。……西至弘农，东界荥阳，南极鲁阳，北达河、淇，包含山薮，远带丘荒，周旋封域，殆将千里。又起菟苑于河南城西，经亘数十里，发属县卒徒，缮修楼观，数年乃成。

梁冀的私家园林“经亘数十里”“采土筑山，十里九坂”，建筑规模直追皇家园林，把天下珍奇都汇集其中，暗示了梁冀权高盖世、企图主宰大汉社稷的野心。

钓鱼

汉代，王侯将相喜爱钓鱼，但君臣有别，他们不能喧宾夺主地像帝王那样建造大型水上娱乐场，只能在自家庭院中建造小型的钓鱼池。从汉昭帝时召开的盐铁会议中可见端倪——“今贵人之家……凿池曲道，足以骋骛，临渊钓鱼，放犬走兔”。

汉代贵族在自己家中凿池，究竟奢华到什么程度？汉画像的《垂钓图》再现了当时的景象：楼阁院落中的鱼池边有一垂钓者，钓丝下垂的池中有三条鱼争食鱼饵，数人旁观。《水面人物图》中也有描摹贵族垂钓场景：钓鱼池上有水榭，池边有栏杆。水榭、栏杆旁有数人观看，水池中有一只船，有人坐于小船安静垂钓，有人站在船头忙着罩鱼……《观鱼图》同样展现了类似的画面：鱼池旁有专为垂钓而建的水榭，三面拱水，有三人垂钓，鱼池边也有栏杆，栏杆外有数人拱手观看。池中鱼鳖游行，怡然自得。

“鱼”和“余”同音，“有鱼”便是“有余”。汉画中有许多建筑装饰现有鱼纹图案，墓门的铺首上也有衔着鱼的图案，百戏表演中也有鱼龙变化的情节，可见，鱼是吉祥富贵的象征。因此，贵族之家的钓鱼池被赋予欢乐、吉庆的双重意义。

沃盥

先秦时期，贵族洗手称为“沃盥”。“沃”的意思是浇水，“盥”的意思是洗手洗脸。贵族洗手极具仪式感，至少需要两个服务人员：一人缓缓浇水，一人手持铜洗接水。

“洗”是盆、盘之类的容器。青铜洗，是盛食兼盛水的器皿，始于先秦时期，盛行于春秋时期，《仪礼》中说“夙兴设洗，直于东荣，南北以堂深，水在洗东”。清晨早起，在正对东屋翼的地方设置洗脸台，脸台位于整个房子的中心，水井或者水源设置在洗脸台的东边，方便取水。

在汉代，铜器仍是财富和地位的象征，上流社会的人才有资格使用铜洗。普通百姓一般用的是木洗、陶洗，汉代贵族专用双鱼铜洗。

中国青铜器文化的发展分为形成期、鼎盛期和转变期三大阶段，汉代时已进入青铜器的转变期，盛产铜洗和青铜灯、炉、壶、镜等日用器皿。

双鱼铜洗

铜洗重达 4.7 千克，内部铭文的两侧饰有镜面对称的双鱼图案，故称“双鱼铜洗”。工匠仅用简单的线条就勾勒出鱼身、鱼鳞、鱼鳍等图案，特别是鱼嘴旁边的水波纹，如若装满水，从上俯视观看，鱼就仿佛在水中游动一样，双鱼栩栩如生。鱼，多子也，寓意着享尽鱼水之欢、多子多福。

双鱼铜洗的形制在汉朝比较流行，圆形、敞口、圆唇、折沿、平底，洗壁两侧有一对兽面辅首，内底饰双鱼纹，双鱼间有“富贵昌宜侯王”的铭文，又称“富贵昌宜侯王铜洗”。昌宜侯王，并不是特指某一个侯王，只是一句当时非常流行的吉祥语，当时的瓦当、铜镜、墓砖上也常见类似的吉利话，包括“富且昌，乐未央，师命长，宜侯王”“君宜高官，位至三公”“大吉祥富贵昌宜侯王”，等等。

长生

五德始终说

《安世房中歌》的主题是宗庙祭乐，《郊祀歌》的主题是祭祀天神。战国时期，在五行学说盛行的背景下，出现了对青、赤、黄、白、黑五帝的崇拜，并将他们和远古圣王附会在一起，形成了“五德始终说”。

秦始皇和汉高祖皆信奉“五德始终说”，五帝也成为秦汉帝国国家祭祀的对象。除此之外，在人们心中还有一位可以与神媲美的神灵，被统称为“仙”。汉代神仙信仰十分流行，许多画像石、漆器、铜镜上，都有反映神仙形象和求神迎仙活动的图案。武帝、昭帝、宣帝在位的近一百年，是西汉帝国国力鼎盛的时期。现世太平，安稳富足，丰衣足食，贵族阶层就把目光投向了来世，他们希冀能像神仙那样长生不老，以此拥有永恒的荣华富贵。

太一

儒学排斥怪力乱神，却无法破解生死之谜，表面上

仙人骑鹿画像砖［东汉］

继承了上古传统，符合“汉道”的奉天法古思想，最后却不得不投注于神仙信仰。

“一”者数之始，体之全，“太一”是宇宙万物之源。汉武帝在甘泉宫修建了大量的仙台宫馆，希望通过祭祀“太一”和神仙相遇。屈原《九歌·东皇太一》中，“太一”是楚人尊崇的至尊之神，然而，这样一位至尊之神在汉初并没有受到国家的重视。

元狩五年（公元前 118 年），武帝病于鼎湖，病愈之后，以为是得到了太一神的保佑，至此，“太一”才在国家祭祀中成为最高级别的神。《礼乐志》中赞美“太一”是至尊主神，掌握天地、四时、日月、星辰——

唯泰元尊，媪神蕃厘，经纬天地，作成四时。精建日月，星辰度理，阴阳五行，周而复始。

《日出入》

之所以重视神力强大的神祇，是因为人们对生命和万物的执着和热爱。太始三年（公元前 94 年），六十三岁的武帝巡幸琅琊、礼日成山时所作《日出入》。身体状态每况愈下的武帝，常感力不从心，见日月轮转，怀想人力之渺小，不禁悲从中来——

日出入安穷？时世不与人同。故春非我春，夏非我夏，秋非我秋，冬非我冬。泊如四海之地，遍

观是邪谓何？吾知所乐，独乐六龙，六龙之调，使我心若。訾黄其何不徕下？（《日出入》）

“訾黄”，又名“乘黄”，龙翼、马身，黄帝乘之而仙。武帝无时无刻不期盼这匹神马的出现。日出日落，周而复始。人于宇宙而言，如此渺小，以至于偶或拥有的春夏秋冬都不足以让人快乐，时间如海，无奈人的寿命仅如小池。如果能驾驭六龙上天那有多好，只可惜，那匹叫“乘黄”的马迟迟不来。

延年

汉代人对长生不老近乎痴迷，西汉人取名喜用“延年”“延寿”“千秋”“万年”“彭祖”等词语，这些吉祥语也被刻在了瓦当上。《礼乐志·赤蛟绥》中记载：“延寿命，永未央”，“礼乐成，灵将归，托玄德，长无衰”。《乐府诗集·上陵》中记载：“仙人下来饮，延寿千万岁。”《全汉诗·上之回》中记载：“令从百官疾驱驰，千秋万岁乐无极。”《全汉诗·远如期》中记载：“远如期，益如寿。处天左侧，大乐万岁，与天无极。”

玉衣

富人在世时以玉石为精美饰物，来彰显地位。去世后，他们希望用玉石护佑他们肉身不腐。集身份地位于一身的有钱人想尽办法，让自己死得体面。

首先，尸身不能轻易腐朽。凝聚天地精华的美玉，可以保证尸体不腐化。于是，设计者们发明了各式各样由金丝、银丝、铜丝、玉片编缀起来的玉衣（金缕玉衣、银缕玉衣、铜缕玉衣）。

玉衣起源于东周丧葬时的殓服，到三国时曹丕下诏禁用玉衣，玉衣前后共流行了四百余年。一套完整的玉衣需要百余片鱼鳞状玉片和金丝编织而成，古时制造工具单一，增加了制作玉衣的难度，要先将玉石打磨成小片，再把这一片片玉石恰到好处地装帧起来，每个环节都要臻于完美，如此这般精雕细琢，一套玉衣加工完毕要花费几十年的时间。为富贵人家的丧葬做筹备工作，就足以养活一群劳动人民。

天马

除了衣饰外，随主人出征的马匹也可体现主人的身份尊卑，“马者，兵甲之本，国之大用，安宁则以别尊卑之序，有变则济远近之难”（《后汉书·马援传》）。天马是主神“太一”所赐——

太一况，天马下，沾赤汗，沫流赭。志俶傥，精权奇，籋浮云，晻上驰。体容与，迣万里，今安匹，

龙为友。（《汉书·礼乐志·天马》）

天神太一赐福，天马下凡。奔驰时，天马流出血红的汗水，故称其为“汗血宝马”。天马洒脱不羁，步伐轻盈，踩云跃起，直冲天际，凡俗之物无一能比，唯有神龙可配为友。

汉武帝酷爱良驹宝马。一日占卜，卦辞向他揭示“神马当从西北来”。于是他便向居住在西北一隅，也就是巴尔喀什湖以南地区的乌孙王索求马匹。乌孙王曾两次向武帝献马千匹，人们称这些马匹为“天马”。

创作于太初四年（公元前 101 年）的《西极天马之歌》，描述的是贰师将军李广利征伐大宛后获得的汗血马：“天马徕，龙之媒，游阊阖，观玉台。”天马呼朋引伴，登天门赏玉台。天马是通天的媒介，晚年的汉武帝遂将成仙的希望寄托在天马身上。

除此之外，天马也被人们寄予了渴求神灵护佑、征伐四夷凯旋的愿望：

> 天马来出月支窟，背为虎文龙翼骨。嘶青云，振绿发，兰筋权奇走灭没。腾昆仑，历西极，四足无一蹶。鸡鸣刷燕晡秣越，神行电迈蹑恍惚。天马呼，飞龙趋，目明长庚臆双凫。尾如流星首渴乌，口喷红光汗沟朱。曾陪时龙跃天衢，羁金络月照皇都，逸气棱棱凌九区。白壁如山谁敢沽？回头笑紫燕，

但觉尔辈愚。（李白《天马歌》）

天马产自月支窟，脊背毛色如虎纹，马骨坚韧如龙翼。天马仰天而嘶，声震云霄，绿色鬃毛也随之颤动。天马筋节矫健，骨相神俊，健步如飞，一闪即逝。它腾迈于昆仑之巅，飞越于宇宙之间，四蹄生风，从不失足。鸡鸣时，它还在燕地刷毛、理鬃筹备启程，傍晚时，它就已在越地悠闲地吃草了。其神行之速真如电闪一般，见其影而不见其形。天马呼啸驰骋，如飞龙般矫健。目如明星，胸如双凫，尾如流星，首如渴乌，口喷红光，汗流如血。它载天子奔驰于天街上，黄金装饰的马络头与华丽的帝都交相辉映。天马绝尘豪逸，凌迈九州，价值倾城，胜于白璧，连紫燕之类的名马也难以企及。风驰电掣的天马成为战争中的得力干将，在它的护佑下，人们似乎更有底气渴求在征伐四夷时能得到神灵护佑、胜利而还。

打击豪族

迁茂陵

豪族的前身，乃六国的故家遗族及各地的大姓，后期为了遏制豪族扩张，在豪族的中心地带——长安，特设京兆尹及长安令、执金吾、司隶校尉，专门“搏击豪强，擒奸讨猾”。

中原少数的匈奴们向大汉帝国发起挑战，一帮富豪无动于衷地莺歌燕舞、肥吃海喝，骁勇善战的汉武帝，准备让富豪们参与战事，便委婉地打着改革的旗号，征收富豪们的个人所得税。

富豪们缴纳的税跟他们的财富相比，简直是九牛一毛。思前想后，汉武帝想到了一个大招：元朔二年，也就是公元前 127 年，汉武帝颁布了著名的《迁茂陵令》。

他命令凡是财富在三百万钱（亿万）以上的巨富豪门，一律迁徙到京城附近的茂陵。富豪们被迫奉旨迁徙，土地、房产等固定财产拿不走，只得贱卖。豪门大规模退居二线，给政府腾出了地盘，政府顺理成章地将千万亩良田低价收购，而后分给流离失所的无地农民，国家只收取十分之一的税。

国家有了田地，盈利方式五花八门，他们采用低息贷款的农业“反哺”模式：由政府向农户提供借贷，三年后折成实银，只加一成利钱归还政府。赤贫百姓不仅能够安居乐业，而且政府也心满意足地收获了不少粮食税。

当然，富豪们也不傻，没有一个甘愿搬家挪窝瞎折腾的。为了安抚被迫迁徙的富豪，国家也实行了一些“怀柔政策”安抚他们那受伤的心：政府支付给每户迁徙者二十万钱的高额“拆迁补偿款”，此外，拆迁户们还可以脱去商家身份，跻身世家名门——“富二代”摇身一变，光荣地成了“茂陵子弟”。

汉武帝的改革起初遭遇了诸多富豪的抵触，《迁茂陵令》刚颁布时，一些富户豪门按兵不动。颇负盛名的大侠郭解，成了一枚出名的钉子户。他哭穷说自家财富不足三百万钱，请求朝廷准许其不迁徙，并托请汉武帝最信任的皇后卫子夫之弟、大将军卫青替自己说情。

汉武帝意识到官商权贵结合的危险，决意好好收拾一下这帮家伙，于是写了一纸令书，又名为《推恩令》。

《推恩令》

元朔二年春正月，汉武帝颁布了瓦解豪族势力的《推恩令》，规定各诸侯王国嫡长子之外的其他王子，可以从其父祖的王国里分出一大块土地经营生计。一改只有诸侯嫡长子才能继承王位、其他王子则落魄流离归于庶民的局面。这样，之前轰轰烈烈雄霸一方的诸侯王国缩小为受县郡管辖的小侯国，无力强征暴敛，也不敢再与朝廷分庭抗争。

为了遏制富豪巨商们垄断商业资本，国家用“平准”“均输”等政策平抑物价，对生活必需品规定最高限价，实行“盐铁专卖”。

从公元前 110 年到公元前 49 年，在长达六十一年的西汉历史中，没有通货膨胀的记录。击败匈奴后，收复河西走廊，在新疆地区建立“西域都护府”，彻底打通了欧亚大陆的商道，开拓了绵亘万里的丝绸之路。几十万边防军保驾护航，将大汉帝国精美的瓷器、华丝丽绸、丰盈的物产通过丝绸之路，运送到波斯和罗马等地区。

第八章

避风客栈

征途到此是故乡

现代人的生活中，房子俨然已成为刚需，微薄的工资加上高昂的房贷，轻易就会成为浩大“房奴”大军中的一员。然而，如果穿越到汉代，境况就不一样了：西汉名人东方朔刚入职时，每月“俸钱二百四十”。普通打工族（佣工）月薪四百二十四钱，年薪五千零八十八钱。收入较高的，“积四月，直二千八百”，四个月能挣两千八百钱，年薪是八千四百钱。《居延汉简释文合校》录有西汉居延县两户百姓的家产清单：一户主为礼忠的房子值一万钱；一户叫徐宗的房子值三千钱。由此可见，即使年薪只有两千五百钱的低收入者，用不了几年也能在四、五线城市买一处宅子。

普通打工族尚且可以轻松愉快地买房安居，对朝廷命官来说，更是易如反掌。人们拼死拼活赶场子、考科举，扬名立万后，即便底层佐史，每年也能领到九十六斛米，折合九千六百钱，稍微省吃俭用一下，两三年下来，在大城市里就能搞定一套房子。比起现代人，汉代人的小日子简直幸福得不得了！

然而，人生天地间，忽如远行客。为了生计，人们需要离开自己的“安乐窝”四处奔波，客栈（栈房）便成了旅人的港湾。彼时，住宿叫“写号”或“打铺”，客栈的门前屋檐下悬荡着一盏长方形的白纸灯笼，灯笼上醒目地标注着两排字：“未晚先投宿，鸡鸣早看天。”借着这一盏路灯，客座他乡的人们倦鸟归巢般入住于此。

客栈成为人们的加油站、避风塘或临时的栖脚点，仿似闹市中的一抹清幽，如白玉兰般寂静绽放，又如一方游乐场，将天南海北游玩的人荟萃一堂。于是，这清幽一角便蕴含了江湖万种韵味……

客栈的变迁

古代交通落后，人们外出一次短则一两月，长则半年、一年，在漫长的旅途中，住宿成为不可回避的问题。于是，人们商机一动，在路边修建房屋供人休息，这类有偿供路人居住的酒店又被称为“客栈”，渐渐地客栈成为南来北往羁旅的港湾，成为人们驻足停留的温馨家园。

先秦时，“馆”“寓”“舍”等城市旅馆、家庭旅馆已纷纷出现，这些旅馆分“标准间”“豪华间”“多人间”，档次和功能区别明显，以供不同身份的旅客入住。

到了汉代，宾馆业得到进一步发展，当时城里的“谒舍”是城市旅馆，这类城市旅馆数量很多，分布广泛，多供做小生意的普通人入住。官办普通旅馆称为“传舍”，服务稍好，专用于接待“官差”。魏晋时期，考虑到让客人入住后更觉舒适，宾馆加强了硬件设施建设，配备了暖气。

汉代时，长安城里修建有一百四十多所“郡邸”和专供外国使者及商人食宿的“蛮夷邸”。晋代，京都到各州每四十里设有“驿”，每二十里设有“亭”，不仅为过往官吏提供食宿，也允许百姓卖些杂货。南北朝时，出现了一种新兴的旅馆——邸店，是供客商食宿、存货和交易的场所。

唐宋以后，随着科举规模的壮大，客栈的名字也更艺术，学子们赶考的住所叫“状元店”“高升店”；商人老板住的叫“广源店”“万隆店”；游山玩水旅客居住的叫“悦来店”“吉顺店”等。

客栈招牌

汉代酒店的招牌旗，旗上部附缀的长飘带名斿（旒），“游，旌旗之流也。”（《说文解字》）旗下部附缀的锯齿状边饰名重牙或燕尾，《礼记·明堂位》郑注：“殷又刻缯为重牙，以饰其侧。”

“旌”是长条形五彩缤纷带有丝缕下坠的旗，像是天空中的一道彩虹——“虹蜺”。《文选·高唐赋》：“蜺为旌。”又《上林赋》：“拖蜺旌。”“张揖曰：‘析羽毛染以五采、缀以缕为旗，有似虹蜺之气也。’”把羽毛分开，染上五种颜色，再缝上穗做成旗，透溢出雨后天边出现的霓虹之气。

当人们晃晃悠悠，随着马车抵达目的地时，远远就能看到旅店铺子外迎风招展的招牌，上面赫然写着客栈的名字或者宣传语，招牌大致分为三类：文字幌招牌、形象幌招牌、实物幌招牌。

文字幌招牌上通常题就一句话，如“三碗不过冈”。形象幌招牌多用于城市的旅馆，红布穗点缀的箩圈象征着厨房用具；市郊和农村旅馆常用的形象幌招牌，绘有一条鲤鱼，下部缀有红布条的箩圈，鱼头的功能类似于箭头，指着旅店的方向，这种象形的指示方式，对于不识字的民众而言一目了然。

锦鲤的流行得益于“鲤鱼跃龙门”的典故，科举考试要经过乡试、会试、殿试几关，依次要到县城、省城、京城去考试，应试者需携带书箱，跋山涉水，奔赴考场。为讨“鲤鱼跃龙门”的好彩头，沿途旅馆会悬挂鲤鱼，不仅是对考生的深深祝福，也是招揽目标客户的好方法。

旅店门口，站着接风洗尘的奴仆和小吏，他们手拿扫帚严阵以待：扫帚头朝上、柄朝下树立在店铺门口，恭迎宾客的到来。店内笑容可掬的伙计们，将一条布巾随意搭在肩膀，脱口而出那不知复习了多少遍的台词：“客官，来点儿什么？”

客栈服务员

汉代客栈的工种大致分为洗碗工、杂工、店小二（跑堂的）、厨子、账房（收银的）、掌柜。在客流量大的旺季或营业高峰期，各个岗位也没那么具体的分工，店面小的，一人兼数职也是常见的事，比如掌柜做账房的工作，也有老板亲自给客人端茶倒水的。

辛延年《羽林郎》里曾描述过一个酒店的女店小二——出身少数民族年方十五岁的胡姬，美貌俏丽的胡姬独自守垆卖酒，明媚春光下打扮精致的她更加娇艳动人，长襟衣衫，腰系两条连理罗带，罩了一件宽袖带有刺绣图案的短袄，头上戴着蓝田美玉做的首饰，发簪两端挂着两串西域大秦国产的宝珠，一直下垂到耳后。

与文学中的店小二不同，在客栈众多工作中，店小二的工作实际上最为复杂繁多：招揽客源、引客入店、倒水点菜，有时还承担送外卖的职责，客人有需要时，店小二还会将饭菜送进客人的房间，饭后进行收拾清理。

店小二的由来

在驿站、茶馆、酒肆、旅店负责侍应的服务员，称为“店小二”，这个名字起得蹊跷，为什么不是“店小三”或“店小四”呢？据说这跟古代的一名叫“王示”的服务员有关，古代名字竖写，由于疏于动笔，每当写名字时，王示都非常生疏地把“示”写脱节，这样看起来像“二”“小”，后来人们就亲切地称他为“王二小”，传来传去就被说成“小二”了。就像现在我们叫所有的青年男性为“帅哥”一样，古代青年男子也常被称为“小二”“小二哥”。

另一种说法是，古代普通人多没名字，那怎么称呼呢？古人有办法，他们常用数字来作为名字的代号，数字冠在姓之后，像明太祖朱元璋，家里排第四，家族兄弟中排第八，所以在没发迹前叫“朱重八”。朱元璋的二哥叫“朱重六”，三哥叫“朱重七”。旅馆、酒店的伙计一般用青年男子来充当，一来二去，人们也把他们称为“小二”了。在酒馆、旅店里，老板自然是店老大，管记账的账房相当于现在的会计，被称为“先生”，与他们相比，服务员的地位稍逊一筹，是店铺中的最底层，因此被称为“小二”再正常不过啦。

客栈的不同版本

邸店

汉代在全国大中城市以及交通要塞设置传舍，供往来使节和车马使用，又在沿途设有间隔十里的旅馆，称为“亭”。亭发展到南北朝时，空前成熟，已兼具货栈、商店、客舍的功能，被称作“邸店”。驿站是行政和军事上的便利设施，虽然也有旅馆的性质，却只提供给贵族使用。唐代针对民间社会的旅馆叫“店肆”，是私人旅馆，服务相对完善，不仅在一般衣食住行上满足商旅的需求，也相对安全。当时也有外国人前往长安（西安）、扬州、广州等地经营旅馆业，民间唤作“波斯邸”。

传舍

汉、魏、晋、南北朝时期，城里最为普遍、分布广泛的是“谒舍”，供小生意人打理生意或出行在外居住。“方技、商贩、贾人坐肆、列里区谒舍。”（《汉书·食货志》）接待官差的高级旅馆称为“传舍”。

在店家高亢浓烈的呼唤声中，客官们鱼贯而入。不只是服务态度，传舍硬件建设也不差，《全上古三代秦汉三国六朝文·上客舍议》称，“冬温庐，夏有凉荫”。这里的“温庐”相当于现在配有暖气的房间，“凉荫”则是纳凉休闲的去处。

邮驿

商朝后期，为适应走南闯北商贾们的需要，“客舍”“客馆”相继出现。秦汉时期，设立专供公文信件传送和供官员居住的旅馆——邮驿。

《周礼》中记载，早在周代，中国的旅馆业已很发达，而且似乎是“连锁式”发展。如周王规定，有“国营招待所”性质的“驿亭”，要求每十里有“庐”，即简易房舍；每三十里要设“路室”，以供休息；每五十里，市镇要设“候馆”，即客人入住的招待所。

“驿”用马，“递”用车，“徒”用步。汉代，邮驿被视为“国家血脉”，是传递军情的交通要道，是用火炬传递敌情的小港湾，但遇到风尘天气或阴雨天，烽火无法点燃，便有了驿站这样的场所，信使可以在此处换马、食宿，又能囤积军事物资，一来二去，邮驿就升级为服务公务员的绿色窗口。

馆

馆，是用来接待贵宾的比较高级的旅店，听名字就比较大气，如“国宾馆”“诸侯馆”。

汉武帝时扩建的上林苑中就有馆舍，装饰更是极其华美。“于是乎离宫别馆，弥山跨谷，高廊四注，重坐曲阁，华榱璧珰，辇道𦆽属，步榈周流，长途中宿。夷峻筑堂，累台增成，岩窔洞房，頫杳眇而无见，仰攀橑而扪天”（司马相如《上林赋》）。

上林苑里，正宫之外供帝王出巡时居住的馆舍满山遍谷，漫步长廊，环绕四周，层层楼宇，曲阁相连。屋椽雕彩，椽头饰玉，辇乘阁道，绵延相连。走廊蜿蜒，途中息宿。削平高山，山上筑堂，台阁累累，重重叠叠，洞房幽深，潜通崖底。俯视则杳眇不见踪迹，仰攀屋椽伸入云端。

一般来说，馆的等级由高到低分为：天号、地号、人号、通铺、柴房和马圈。柴房和马圈也不是随便就能住的，相当于现在打了折扣的旅店，准状元许仙当时就曾下榻灰尘土气的柴房，尽管风水和地势都不好，但人家也一朝得中，不过当时的旅馆似乎并没有多么先进，即便是档次较高的上房，也只是“中间安放一张八仙桌子，桌上铺一张漆布……”（《老残游记》）罢了。

寺

政府投资办的旅馆又名“寺”，指官舍，即供政府官员住宿的旅馆。汉朝中央各行政机关的九个官府合称“九寺”，如大理寺、太常寺、鸿胪寺等。汉明帝刘庄时，派人去西域取经，白马驮载佛经、佛像，带两位印度高僧回洛阳，归来时就住在当时的鸿胪寺，并在这里编译出汉代最早的佛经。

增值服务

免费入住日

古代旅馆也会给客人打折，甚至可以免费住宿，这种情况多发生在客源稀少时。但要让客户在他们苦心经营的地方白吃白喝白住，私营老板不免心痛。店主不乐意，政府也不勉为其难，只能明文规定官办旅馆必须在特定时日免收房费。

宋代的官办旅馆便有免费入住日。《宋会要辑稿》上记载，在赵恒（宋真宗）当皇帝的大中祥符五年（公元 1012 年）遇到严冬，当年正月，朝廷便以“雪寒”为由，要求“应店宅务赁屋者，免嗽钱三日。又曰‘贫民住官舍者，遇冬至寒食，嗽值三日’。”嗽钱，也就是房费。意思是说官办旅馆（官舍）在雨雪天和“冬至”“寒食”等日子，应免收房费。此外，在疫病流行时，也可免房费。

升级服务

行走江湖，零零碎碎的行李里，总有一两件宝贝怕被人盯梢。因此，一般旅馆掌柜可以代管个人物品，当然，高级的旅馆在人身和物品保障方面会更安全。战国时期，诸侯国一般都设有这样的高档宾馆，如鲁国的“重馆”、赵国的“陶丘之馆”、晋国的“箕馆”。“寓”“舍”这类旅馆则主要为普通商旅服务，以民办居多。

周王要求国宾馆要达到“宾至如归”的服务水平，不仅为宾客提供自助餐，还要为随行的牲畜喂食喂水：“过客相逢止宿，征途到此为家”，“行旅莫言身是寄，主人能使客如归”。为了保障顾客高质量的栖居，隋唐时，达官贵人和民间百姓都推崇“胡食”，隋朝军事家、诗人杨素宿止的灵石旅馆，就用羊肉和胡饼等胡人美食招徕客人。

在唐代，还有给客人提供温泉的温汤旅社——

冬狩温泉岁欲阑，宫城佳气晚宜看。

汤熏仗里千旗暖，雪照山边万井寒。（刘长卿《温汤客舍》）

有些旅馆还为客人提供娱乐用的赌具，如杜甫《今夕行》中所说：

今夕何夕岁云徂，更长烛明不可孤。

咸阳客舍一事无，相与博塞为欢娱。

冯陵大叫呼五白，袒跣不肯成枭卢……

明代时，苏州太平坊用专门的“过桥面”，三元坊用“专售素食，不卖荤腥”等不同食品及方式招徕客人。明代山东泰安州大客店就推出了这样的服务：“上者专席：糖果，十肴，果核，演戏”（张岱《陶庵梦忆》卷四）。

“糖果”“果核”这些都是赠品，秉承买赠的福利。有的店主为让客人高兴，不惜表演技艺，展示特长。《鄂多立克东游记》中就记载了店家带领客人鄂多立克去观赏捕鱼，店家的精彩表演给这位外国客人留下了深刻的印象。

“代购”美女

在古代，没有飞机、高铁、公交车，人们出行主要靠步行、人力、畜力车。出门在外，数月数年不回家是常事，旅馆成了大半个家，特别是生意人，有了钱，吃饱喝足后便无所事事。店主随即想出一套赚钱模式：用美女当招牌。美女们陪聊、陪喝、陪睡，有的老板还将娼妓安排在旅馆附近居住，随时待召。这项“特殊服务”一时间炙手可热。

明末清初的史学家、文学家张岱，在山东泰山进香时见“再近则密户曲房，皆妓女妖冶其中”（《陶庵梦忆》)。孙典籍在《广州歌》中也曾记载:“闽姬越女颜如花,蛮歌野曲声咿哑。”旅途劳顿,经商颠沛,但商人们也并没有克制自己,有上乘美色服侍,自是人生乐事,正所谓“人生何如贾客乐,除却风波奈若何”。

旅店老板不仅热情地帮客人“代购”美女,还会帮客人提前支付服务费——“客人有欲蓄妾者,主人(旅店老板)代为购婢做妾,给室以二人居,费用由主人临时代付”。

这种买卖虽污秽龌龊,但也能成全不少终身大事。有的美女被商人看中,会被光明正大地娶回家,从此,孤独无依的女子便可名正言顺地生活了。

客栈故事

晋国的旅店

《左传》中记载了这样一件事：郑国的子产率人带着礼物去晋国聘问，晋国的霸主晋平公有意怠慢小国家，决定先挫挫他们的性子，不理不睬让其等待。想象一下，一群大老爷们儿聚在紧凑憋屈的小宾馆里，没有流量可刷，没有手机可消遣，又无心翻书，再看看窗外，这一堵堵高墙红瓦，密不透风，美其名曰是来访问的，不如说是来遭罪的，子产越想越来气，于是就派人拆了宾馆。

晋国大夫士文伯听说来宾把宾馆拆了，遂愤愤责备子产说："我们这个穷国家治安不行，到处都是盗贼，我们将宾馆的门和围墙修得很厚，是出于对宾客和使者的保护。现在您却随意拆毁了宾馆的围墙，以后我们怎么招待来宾呢？我们国君派我来向您讨个说法！"

子产早就料到会有这一出，因此，自圆其说的台词都不需要打草稿。他说："进献的财物存放在密室太久，没有防腐剂、防潮剂会腐烂生虫，拆了围墙，能透透气；

而且我们一行人带的礼品也太多了，不拆墙就没地方放了。我听说文公从前做盟主时，把接待宾客的馆舍修得像国君的寝宫一样高大上，仓库和马棚也不错，司空按时平整道路，工匠按时粉刷馆舍，仆人常常巡视客舍和存放车马的地方。宾客的随从中有专门给车轴加油的、专门打扫房间的、专门喂养牲口的，各自照看分内的事……重要的在于，文公才不会耍什么大牌，不会折磨、耗着远道而来的使者，而且，人家为人相当厚道、随和，与宾客同忧共乐，出了事随即巡查，有不懂的地方还虚心求教。”

可见，晋文公时，客栈对旅客的服务是非常到位的。子产在抱怨旅馆环境之前充分了解了所在国家的背景和形势，于是说得头头是道、句无虚发。士文伯回去汇报了子产的言论，晋国的卿大夫听后陷入了深深的反思，他们承认了自己的过失并向子产道歉。

商鞅“碰壁”

先秦时期，除了招待官员的客栈，也有招待普通人的客栈，这些客栈往往规模不大，鱼龙混杂。但官府有令，若客栈藏匿犯人，要承担连带责任。他们自保的措施就是：但凡来客，定要出示国家承认的证件。如《史记》中记载，有人向秦王诬陷商鞅谋反，商鞅连夜逃跑到了关下，求住客栈，客栈老板不知道这就是商鞅，说道：“商鞅有令，住店的人没有证件，店主要连带判罪，你没有凭证，我不能让你住这。”“商君之法，舍人无验者坐之”，商鞅叹息一声，逃往别处。

客栈主人为了保护客人的隐私，不让没有“路引”“门券”或“鱼符”“牙牌”等能证明来者身份的人出入，使得杀人越货的逃犯和不法之徒难以遁形，保证了人们居住的安全。

第九章

漏刻时光

一弦一柱思华年

太阳底下，本无新事，游来游去的永远是人与时间。三千多年前的周朝人，利用太阳照出影子的大小和方向，发明了一款测算时间的仪器 —— 日晷。《说文解字》中有注解：“晷，日景也。”景，是指影子。

古人把时间称为“光阴”，“一寸光阴”就是日晷表上一寸影子的时间。日晷盘上一昼夜划分为十二个时辰，“一个时辰”是两个小时，即八刻钟。（见 P.8 页彩图）

时光常被诗人们写进诗里，那是关于生命的记忆。韩偓的《寄远》中描述 ——

眉如半月云如鬟，梧桐叶落敲井阑。

孤灯亭亭公署寒，微霜凄凄客衣单。

想美人兮云一端，梦魂悠悠关山难。

空房展转怀悲酸，铜壶漏尽闻金鸾。

夜半时分，端坐于闺房中的美人，守候在静悄悄的小院内，听着梧桐叶落在井阑处的声音 —— 这是诗人想象中意中人的样子。如今的自己，则是一个客居在冷清客栈内的旅客，流离他乡的日子很是无趣，忆及青灯前孤苦伶仃的伴侣，更有说不出的辛酸和无奈。

唐代诗人王建在《长门烛》中所述 ——

秋夜床前蜡烛微，铜壶滴尽晓钟迟。

残光欲灭还吹著，年少宫人未睡时。

夜晚降至，灯火通明的宫中，依然是一派热闹繁华的气象：宫内忙碌未睡的宫女，日复一日地循环劳作，在别人监督和指责下的每寸光阴，都太过煎熬。然而她们身份卑微，由不得自己，只能一面任劳任怨地干活儿，一面默默盼着铜壶内蜡油燃尽、破晓时分尽快来临。周而复始，每个黎明到来前都是一场无止境的劫难。

日照计时

圭表

商朝后期，计时器应运而生。圭表，是我国最古老的一种计时器，由“圭”和“表”两个部件组成，测日影的标杆和石柱，叫做“表”；平放在正南正北方向，测定太阳影子长度的刻板，叫做“圭”。圭表不仅可以测定正午的日影长度，还可以定节令、回归年、阳历年，也是劳动人民农事活动的重要参考工具。

日晷

早在汉代以前，时间的计量仪器——日晷已经出现了。

日晷由晷盘和晷针组成，晷盘一般为石质，四周刻有子、丑、寅、卯、辰、巳、午、未、申、酉、戌、亥十二个度，用以表示时辰。

铜质的晷针立于晷面正中，与晷面垂直，阳光下才能使用，类似于现在的太阳能，在太阳的照射下，晷针移动，指向的刻度，即当时的时间。但遇上风雨或夜晚，没有阳光照入，日晷就不能使用了。

日晷最小的刻度合十五分钟，相当于“一刻”或“一刻钟”。这种计算时间的方法叫做“百刻计时法”。隋唐时，百刻制与十二时辰计时法并用，夜间还使用计时单位“更”，一夜分五更，每更的长短根据夜的长短而定。明末清初，西方机械钟表传入后，才正式改用一天二十四小时的计时法。

古人没有电灯等照明工具，夜晚点灯熬油又比较费钱，所以“惜时如金”，将时间划分成不同的时间段：“寸阴”“寸晷”“分阴”。我们耳熟能详的“读书不觉春已深，一寸光阴一寸金”就是这个道理。

壶中日月

日晷和圭表都是用太阳影子计算时间的量器，一旦遇到阴雨天或黑夜便无法度量，于是一种日夜都能计时的水钟便应运而生了，这就是“漏刻”。漏刻由黄帝发明——“昔黄帝创观漏水，制器取则，以分昼夜。”（《隋书·天文志》）

漏，指“漏壶”，是一个盛水的壶，下面有小孔；刻，指“刻箭”，是标有时间刻度的标尺。漏壶中竖着一支带有一百个刻度的箭，装满水后，水从孔中滴出来，一天一夜二十四小时刚好滴尽。“漏刻”利用水均衡滴漏的规律，通过观测壶中刻箭上显示的数据来计算时间。作为计时器，漏刻的使用比日晷更为普遍。

从周代起，官方就已经懂得用漏刻来计时了，为此，朝廷还专门设立了计时的专职机构。秦朝时就设有“太子率更令”，专门负责监管漏刻，为皇家报时。西汉时，漏刻上升为一种天文计时仪器，由太史待诏掌管。东汉时，朝廷设有“郎官”一职，负责管理漏刻。冬天，漏壶中的水结冰后，漏刻便无法使用，所以明代时又发明

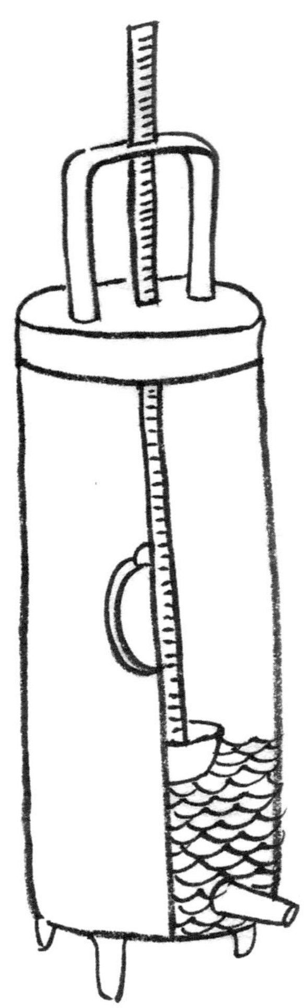

铜漏

了“五轮沙漏”，用流沙驱动漏刻，同时加大了流沙孔，以防堵塞。

季节不同，昼夜有异，漏刻的长短不同。为了避免错漏，过一刻即插一箭。冬天温度到零度以下时，会以沸水浇漏。汉代以后，漏也称为“壶”。帝王官府守时的“漏”，属于大型多阶的“复漏”，与西汉的“单漏”不同。

晋以后，漏的组合结构更加精密、复杂化了，如晋陆机《漏刻赋》中说：“尔乃挈金壶以南罗，藏幽水而北敢。”“金壶”指的是“漏”。“寸管俯而阴阳効其诚，尺表仰而日月与之期”，“寸管”即“漏管”，是测量天气的仪器，“尺表”是测日影的仪器。“访金壶之盈阔，视警箭之登波”（鲍照《观漏赋》），这里的“金壶”也是“漏”，“警箭”指“尺表”。

浮箭漏

早期的漏刻测量不够精确，水位高时漏得快，水位低时漏得慢。到了东汉，科学家张衡改进了漏刻，将一个漏壶升级为两个漏壶，这样计量就更为精准了。

汉代两类主要漏刻“沉箭漏”和“浮箭漏”均使用了两个漏壶：一只是“播水壶”（亦称供水壶或泄水壶），另一只是“受水壶”，“受”即“容纳”。

壶内装有指示时刻的箭尺，故通常称为“箭壶”。箭壶承接播水壶流下的水，壶内水位上升，箭舟上的箭尺随之上浮，所以称作“浮箭漏”。

箭舟托着刻箭，浮在水面上。水逐渐漏出，箭舟与刻箭下沉后，指向相应的刻度，这种漏刻叫“沉箭漏”。当壶中的水变少后，流速会降低，箭的下沉速度会越来越慢。

“浮箭漏”被用于天文测量、历法制定、重要礼仪活动等。《隋书·天文》记载：“及孝武考定星历，下漏以追天度，亦未能尽其理。”又说：“揆日晷，下漏刻，此二者，测天地，正仪象之本也。”

《后汉书·律历志》有“推诸上水漏刻”的说法，“上水”就是往漏壶里装水，“昼漏”指白天用的钟表壶，“夜漏”指晚上用的钟表壶，古人上朝前，必先摆好钟表，严阵以待。

铜壶滴漏

铜壶滴漏，是一种利用四个铜壶滴水来计时的方法。四个铜壶自上而下依次排列：日壶、月壶、星壶、受水壶。

铜壶的四个壶壁上分别铸有太阳图案、月形图案、北斗七星图案、八卦图等。壶底部有出水的小孔，日壶的水依次流入月壶、星壶、受水壶。月壶的水，先流入星壶，再从星壶底小孔流出，以恒定的速度流入受水壶。受水壶中有一个表尺，标注十二个时辰，最上面是亥时，最下面是子时，表尺前端有一木箭，从受水壶中间穿出，用来指示表尺上的时辰，木箭下面的木板随水的高度不断上涨，显示出不同时辰。

时间的前尘往事

时间的别称

时间改变了人们的生活节奏，人们在时光中完成了自我塑造，行走在时光隧道中的古人，创造了不少形象的词汇，诸如：须臾、呼吸、立成、顷步、俯仰、移步、旋踵、禹须臾、漏刻、顷刻、命在漏刻、命在顷刻，等等。一个钟头，又叫“一个点”，相当于现在的二十四分钟。

十二时辰

汉代太初年间，实行了太初历。“其以一日分十二时，而以干支为纪。”（赵翼《陔余从考》）一昼夜分为十二个时辰，以子、丑、寅、卯、辰、巳、午、未、申、酉、戌、亥十二地支名记之。东汉王充《论衡》中即有“一日之中分为十二时，平旦寅，日出也”之说。

“十二时”的具体名称及所指时段依次为：

1. 夜半（子时）：即23时—次日凌晨1时。
2. 鸡鸣（丑时）：即凌晨1时—3时。
3. 平旦（寅时）：从天刚蒙蒙亮到太阳露出地平线的黎明时分，即凌晨3时—5时。
4. 日出（卯时）：太阳升出地平线以后的时段，即凌晨5时—早上7时。
5. 食时（辰时）：古人“朝食”（吃早饭）之时，即早上7时—上午9时。
6. 隅中（巳时）：隅中，即日在东南隅，即上午9时—11时。
7. 日中（午时）：太阳运行到中天，即为正午时分，中午11时—13时。
8. 日昳（未时）：“昳”即“日民也”，太阳进了中天，向西偏斜，即13时—15时。
9. 晡时（申时）：古人一天只吃两顿饭，第二顿饭时，即15时—17时。
10. 日入（酉时）：夕阳西下，太阳落山时，即17时—19时。
11. 黄昏（戌时）：“黄，地之色也”“昏，日冥也”（《说文解字》），夕阳沉没、天色渐黑之时，即19时—21时。

12. 人定（亥时）：一昼夜中最后一个时辰，夜深之后，安定歇息之时，即21时—23时。

《十二辰歌》

《十二辰歌》是在敦煌遗书中发现的，歌词如下：

平旦寅，少年勤学莫辞贫。君不见朱买臣未得贵，犹自行歌自负薪。

日出卯，人生在世须臾老。男儿不学读诗书，恰似园中肥地草。

食时辰，偷光凿壁事殷勤。丈夫学问随身宝，白玉黄金未是珍。

隅中巳，专心发愤寻诗书。每忆贤人羊角哀，求学山中并粮死。

正南午，读书不得辞辛苦。如今圣主招贤才，去尔中华用我武。

日昃未，暂时贫贱何羞耻？昔日相如未遇时，栖惶卖卜于缠市。

晡时申，悬头刺股士苏秦。贫病即令妻嫂行，衣锦还乡争拜秦。

日入酉，金樽多泻蒲桃酒。唤君莫弃失徒人，结交知己须朋友。

黄昏戌，琴书独坐茅庵室。天子不将印信迎，誓隐山林终不出。

人定亥，君子虽贫礼常在。松柏纵然经岁寒，一片贞心常不改。

夜半子，莫言屈滞长如此。鸿鸟只思羽翼齐，点翅飞腾千万里。

鸡鸣丑，莫惜黄金交朋友，蓬蒿岂得久荣华，飘飘万里随风走。

五更计时法

每两小时是“一更”，一夜分为五等份，即“五更”。李煜的“罗衾不耐五更寒”中的“五更”指的是凌晨三点到五点，冬日读书，饥肠辘辘，浑身没有一点儿热乎气，薄薄的丝绸被子根本不管用。

汉代皇宫中值班人员分五个班次，按时更换，一夜分为五更，每更相当于现在的两个小时：

一更天：戌时 19:00—21:00

二更天：亥时 21:00—23:00

三更天：子时 23:00—01:00

四更天：丑时 01:00—03:00

五更天：寅时 03:00—05:00

打更人

打更人在敲锣时，为区别时间的变化，每更到来时，会喊着不同的口号——

一更的口号：天干物燥，小心火烛；二更的口号：关门关窗，防偷防盗；三更的口号：平安无事；四更的口号：天寒地冻；五更的口号：早睡早起，保重身体。

凌晨五点钟之前，读书人通常就进入了学习状态。可见，古代人比现代人读书要刻苦。负责给民众报时的更夫在打更时若睡过了头或忘记在固定时间报时，也会因失职而受到惩罚，轻者被扣掉大半天的工钱，重者直接被辞退。更夫赚这点儿辛苦钱，也真是不容易，熬夜透支身体，且全年无休，无论风霜雨雪，都要坚持准时准点上班。

更夫工作时，两人为一组，每晚更鼓过后，两人就肩负起了保安、巡警的责任，要走街串巷巡更，一人执锣，一人敲梆子。更夫还要担任消防队员的职责，救火、防盗。一旦发生火灾，更夫要第一时间加大敲锣的力度，呼唤熟睡中的人们。若半夜有人生重病或急病，更夫还要帮忙呼叫救护车，带着病人去看病。

分分秒秒，岁岁年年

日月倏然而过，为了纪念时间，每个年龄段都有美丽的名字。

未满周岁称“襁褓之年”，两三岁时通称“孩提之年”，幼年泛称“总角”。女孩长到七岁时称“髫年”，十二岁称“金钗之年”，十三岁称“豆蔻年华”，十五岁称“及笄之年”，十六岁称“碧玉之年”，二十岁称“桃李之年”，二十四岁称“花信之年”，出嫁时称“标梅之年”，三十岁常称为“半老徐娘”。

男孩八岁称“龄年”，十岁以下皆称“黄口”，十三岁至十五岁称“舞勺之年”，十五岁至二十岁称“舞象之年”，二十岁称“弱冠之年”，八十岁称“杖朝之年”。八十至九十岁泛称“耄耋之年”，年至九十岁，称“鲐背（或台背、骀背）之年”，迨至百岁，则称“期颐之年”，亦称之为“人瑞”。

不论男女，八十八岁即称“米寿”，九十九岁称“白寿”，“百”之上缺“一”，即为“白”；“茶”字草字头“二十”，下成“八十八”，上下部首相加即为一百零八，故称“茶寿”，为一百零八岁之雅称。

【参考文献】

1. （汉）司马迁，《史记·货殖列传》卷 129，中华书局，1959.

2. （汉）班固，《汉书·平当传》卷 71，中华书局，1962.

3. （汉）班固，《汉书·食货志》卷 24，中华书局，1962.

4. 郭象注，成玄英疏，《庄子注疏》，中华书局，2011.

5. 孔安国传，孔颖达疏，阮元校刻，《十三经注疏·尚书正义》，中华书局，1980.

6. 郑玄注，贾公彦疏，阮元校刻，《十三经注疏·周礼注疏》，北京：中华书局，1980.

7. 郑玄注，孔颖达正义，阮元校刻，《十三经注疏·礼记正义》，北京：中华书局，1980.

8. 杜预注，孔颖达疏，阮元校刻，《十三经注疏·春秋左传正义》，北京：中华书局，1980.
9. 何休解诂，徐彦疏，阮元校刻，《十三经注疏·春秋公羊传注疏》，北京：中华书局，1980.
10. 许慎撰，段玉裁注，《说文解字注》，南京：凤凰出版社，2015.
11. 范晔，《后汉书》，北京：中华书局，1965.
12. 王弼等注，孔颖达疏，阮元校刻，《十三经注疏·周易正义》，北京：中华书局，1980.
13. 毛亨传，郑玄笺，阮元校刻，《十三经注疏·毛诗正义》，北京：中华书局，1980.
14. 郭璞注，邢昺疏，阮元校刻，《十三经注疏·尔雅注疏》，北京：中华书局，1980.
15. 杨伯峻，《春秋左传注》，北京：中华书局，2016.
16. 袁珂，《山海经校注》，北京：北京联合出版公司，2013.
17. 王先慎，《韩非子集解》，北京：中华书局，2013.

18. 马瑞辰，《毛诗传笺通释》，北京：中华书局，1989.

19. 孙诒让，《周礼正义》，北京：中华书局，1987.

20. 孔安国传，孔颖达疏，阮元校刻，《十三经注疏·尚书正义》，北京：中华书局，1980.

21. 何晏注，邢昺疏，阮元校刻，《十三经注疏·论语注疏》，北京：中华书局，1980.

22. 高诱注，《吕氏春秋》，上海：上海书店出版社，1985.

23. 王先谦撰，沈啸寰、王星贤点校，《荀子集解》，北京：中华书局，1988.

24. 李学勤主编，《十三经注疏·礼记正义》，北京：北京大学出版社，1999.

25. 许慎撰，段玉裁注，《说文解字注》，上海：上海古籍出版社，1981.

26. 焦循，《孟子正义》，北京：中华书局，2015.

27. 范晔，《后汉书卷九二·律历中》，北京：中华书局，2015.

28. 苏舆撰，钟哲点校，《春秋繁露义证》，北京：中华书局，1992.

29. 皮锡瑞，《尚书大传疏证》，北京：中华书局，2015.
30. 陈立，《白虎通疏证》，北京：中华书局，1994.
31. 赵在翰辑，《七纬》，北京：中华书局，2012.
32. 杜佑撰，王文锦等点校，《通典》，北京：中华书局，1988.
33. 李善注，《萧统文选》，上海：上海古籍出版社，1986.
34. 朱杰勤，《秦汉美术史》，商务印书馆，1990.
35. 刘志远、余德章、刘文杰，《四川汉代画像砖与汉代社会》，文物出版社，1983.
36.（汉）刘安等，《淮南子集释》，北京：中华书局，1998.
37. 萧统编，李善、吕延济、刘良、张铣、吕向、李周翰注，《六臣注文选》，北京：中华书局，1987.
38. 严可均，《全上古三代秦汉六朝文·全晋文》，北京：中华书局，1965.
39. 马茂元，《古诗十九首初探》，西安：陕西人民出版社，1981.

40. 逯钦立，《先秦汉魏晋南北朝诗·汉诗卷九》，北京：中华书局，1983.

41. 郭茂倩，《乐府诗集·卷二十八》，北京：中华书局，2007.

42. 吕思勉，《秦汉史》，北京：商务印书馆，2010.

43. 王明洲、徐超，《贾谊集校注》，北京：人民文学出版社，1996.

44. 赵幼文校注，《曹植集》，北京：人民文学出版社，1998.

45. 倪璠、庾信、许逸民，《庾子山集注》，北京：中华书局，1980.

46. 班固，《白虎通义》，上海：上海古籍出版社，1990.

47. 王充，《论衡》，北京：中华书局，1985.

48. 苏舆，《春秋繁露义证》，北京：中华书局，1992.

49. 李零，《中国方术续考》，北京：东方出版社，2000.

50. 李畸，《太平御览》，北京：中华书局，1981.

51. 徐陵，《玉台新咏》，北京：中华书局，1981.
52. 翦伯赞，《秦汉史》，北京：北京大学出版社，1983.
53. 萧亢达，《汉乐舞百戏艺术研究》，北京：文物出版社，1991.
54. 刘向，《西京杂记》，上海：上海古籍出版社，1991.
55. 孙希旦，《礼记集解》，沈啸寰、王星贤点校，北京：中华书局，1989.
56. 徐一夔，《大明集礼》，北京：国家图书馆出版社，2009.
57. 孔丘，《论语》，北京：中华书局，2006.
58. 王符，《潜夫论》，北京：中华书局，1954.
59. 长孙无忌等，《唐律疏议》，刘俊文点校，北京：法律出版社，1998.
60. 王子今，《秦汉交通史稿》，北京：中共中央党校出版社，1994.
61.（汉）王充著，张宗祥校注，郑绍昌标点，《论衡校注》，上海：上海古籍出版社，2013.

62. （宋）范晔撰，（唐）李贤等注：《后汉书》，北京：中华书局，1965.
63. （晋）陈寿撰，（宋）裴松之注：《三国志》，北京：中华书局，1982.
64. （晋）皇甫谧，《高士传》，北京：中华书局，1985.
65. （清）焦循撰，沈文倬点校，《孟子正义》，北京：中华书局，1987.
66. （唐）李延寿，《南史》，北京：中华书局，1975.
67. （唐）李延寿，《百衲本南史》，北京：国家图书馆出版社，2014.
68. （清）孔广森撰，王竖先点校，《大戴礼记补注》，北京：中华书局，2013.
69. 赵福海，《昭明文选译注》，吉林文史出版社，1994.
70. （魏）王弼撰，楼宇烈校释，《周易注校释》，北京：中华书局，2012.
71. （唐）姚思廉，《梁书》，北京：中华书局，1973。

72. （梁）萧统选，李善注，《文选》，北京：商务印书馆，1936.
73. （清）王先慎撰，钟哲点校，《韩非子集解》，北京：中华书局，1998.
74. （清）王先谦著，《庄子集解》，北京：中华书局，1978.
75. （清）王聘珍撰，《大戴礼记解诂》，北京：中华书局，1983.
76. （清）刘宝楠撰，《论语正义》，北京：中华书局，1990.
77. 高明撰，《帛书老子校注》，北京：中华书局，1996.
78. 蒋星煜，《中国隐士与中国文化》，上海：上海人民出版社，2009.
79. 黄留珠，《秦汉仕进制度》，西安：西北大学出版社，1985.

长安是我们熟悉的旧梦，亦是我们阔别多时的故人。

『西忆故人不可见，东风吹梦到长安。』